JOSAPHAT,
un fotógrafo
entre dos mundos

JOSAPHAT,
un fotógrafo entre dos mundos

Historia de un migrante exitoso que retrató
a los que cambiaron la historia de México y EUA

Alfonso Martínez Guerra

Copyright © 2012 por Alfonso Martínez Guerra.

Número de Control de la Biblioteca del Congreso de EE. UU.: 2012910157
ISBN: Tapa Dura 978-1-4633-2454-4
Tapa Blanda 978-1-4633-2456-8
Libro Electrónico 978-1-4633-2455-1

Todos los derechos reservados. Ninguna parte de este libro puede ser reproducida o transmitida de cualquier forma o por cualquier medio, electrónico o mecánico, incluyendo fotocopia, grabación, o por cualquier sistema de almacenamiento y recuperación, sin permiso escrito del propietario del copyright.

Las opiniones expresadas en este trabajo son exclusivas del autor y no reflejan necesariamente las opiniones del editor. La editorial se exime de cualquier responsabilidad derivada de las mismas.

Este libro fue impreso en los Estados Unidos de América.

Para pedidos de copias adicionales de este libro, por favor contacte con:
Palibrio
1663 Liberty Drive
Suite 200
Bloomington, IN 47403
Llamadas desde los EE.UU. 877.407.5847
Llamadas internacionales +1.812.671.9757
Fax: +1.812.355.1576
ventas@palibrio.com
398959

INDICE

DEDICATORIA I

INTRODUCCIÓN III

PRÓLOGO 1

CAPITULO I: LOS INICIOS 3

CAPITULO II: BARRUNTOS DE TORMENTA 25

CAPITULO III: EL LARGO VIAJE 59

CAPITULO IV: LA GRAN OPORTUNIDAD 89

CAPITULO V: DE REGRESO A MEXICO 119

CAPITULO VI: CAMBIO DE PLANES 151

CAPITULO VII: EL RETORNO AL TERRUÑO 167

CAPITULO VIII: LA PACIFICACION 191

CAPITULO IX: LOS HIJOS DE LA REVOLUCION 201

CAPITULO X: LA ESTABILIDAD 223

DEDICATORIA

A mis padres Josaphat y Rosario.

Él con su arte y talento para haber trascendido como fotógrafo dándole a México y a su natal ciudad de Puebla, luces en el historial de las artes gráficas.

A ella, Rosario, su esposa y compañera, apoyo invaluable no sólo como formadora de un hogar ejemplar. Su participación permanente e incansable en el estudio fotográfico, fue pilar e inspiración para alcanzar las metas profesionales de nuestro padre.

A Beatriz, mi esposa y gran compañera, siempre trabajando ardua y amorosamente para obtener los objetivos compartidos y formar una hermosa familia.

A mis hermanos, que juntos formamos una familia solidaria y armoniosa, acorde a la fértil semilla que nos dio origen.

A mis maestros todos, desde el Colegio Alemán de Puebla hasta la Universidad Nacional Autónoma de México. Inteligentes, investigadores, verdaderos educadores y forjadores sociales. Con infinita gratitud.

A Beatriz, mi hija, que con Mario, su esposo, nos han dado el regalo de la vida, "la cereza del pastel" de nuestra existencia, con los tres nietos que nos llenan de felicidad.

INTRODUCCIÓN

En ésta obra, además del texto que nos remonta a hechos interesantes que sucedieron hace un siglo, hay otro objetivo paralelo, el fotográfico, y la consecuente presentación de una serie de fotos muy antiguas, algunas inéditas, otras más, rescatadas del gran archivo del maestro Josaphat, desconocidas por todos y que poco a poco se fueron archivando y procesando para añadirlas a las propias del trabajo cotidiano de más de setenta años, enriqueciendo aún más ésta presentación en la que precisamente por lo antiguo de las mismas y por ende, sin tener la oportunidad de identificar a la gran mayoría de los personajes, vaya, ni siquiera a sus descendientes, lo que resultaría no sólo prolijo sino imposible, razón por la que el espíritu de la misma, como es comprensible, es el estudio, observación y el deleite que provoca el excelente trabajo fotográfico de gran parte del siglo XX que nos permite captar los cambios que experimentó la sociedad mexicana, así como las técnicas artísticas que se fueron dando a través del tiempo.

Rindo un homenaje, no sólo al fotógrafo que logró tan excelentes tomas. También lo hago hacia los personajes que en su tiempo posaron ante la cámara, en que las imágenes quedan como una herencia grata y estimulante para los mexicanos, y permite ver, de alguna manera, una disposición humana de orgullo, fortaleza y elegancia de quienes nos antecedieron y que es el acicate para su continuación a través de las nuevas sociedades que obligadamente deben poner todo lo que les corresponda para hacer de México, la nación que merece la nobleza de su pueblo.

ALFONSO MARTÍNEZ GUERRA

PRÓLOGO

La turbulenta etapa de inicios del siglo XX, en México y Estados Unidos, vista por uno de los mejores fotógrafos mexicanos a través de su lente, captando a algunos de los personajes más importantes de los dos países, que cambiaron la historia de uno y otro lado.

Aunque no propiamente se trata de una biografía, se toca muy de cerca la vida de Josaphat Martínez, excelente fotógrafo nacido en Puebla en 1889, entrelazando simultáneamente su trabajo profesional y los interesantes episodios de su vida, a ratos con tintes novelescos, en parte motivados por la apasionante etapa que México vivía entonces, la Revolución Mexicana y los demás acontecimientos que sobrevinieron, de guerras, de fuerte inestabilidad social y política, del colapso económico nacional, del hambre y tantas calamidades que sufrió la Patria, fundamentalmente cuando se iniciaba como profesional de la lente. De alguna manera, su vigorosa existencia, ya como fotógrafo, ya como hombre de trabajo y de familia, queda interpretada por su propio legado fotográfico, que nos conduce con su arte y dominio del claroscuro, sus luces y sombras, hacia las expresiones y rostros de dos sociedades muy diferentes, la mexicana y la americana, pero que siempre dejaron plasmados en el papel fotográfico el ángulo interesante de las personas, para admirarlas y evocar e imaginar otras épocas, otros vestidos, peinados y modas, que no dejan de ser testimonios importantes y que son parte de la historia. Nos hablan esas fotos hasta del estilo y expresiones diferentes de tantas y tantas gentes que por casi 7 décadas desfilaron ante su cámara, descubriendo siempre ante los modernos ojos, esos fascinantes cambios.

Desde el hombre neoyorkino de rostro adusto y autoritario, posiblemente uno de los "gatos gordos" de Wall Street, de aspecto retador, que hace innecesaria una descripción de su identidad, porque ha sido "descubierta" por el arte de Josaphat, hasta el modesto indígena de la época, que seguramente hizo algún sacrificio para viajar desde alguna ranchería hasta la ciudad de Puebla para ser retratado por el maestro de la lente, de quien "dicen es muy bueno porque retrataba allá en los Estados Unidos", reflejan el dominio de las luces, las expresiones y las poses, para dejar al fin y al cabo el estilo único de Josaphat.

¡Y qué decir de las bellas mujeres, las lindas novias! que el día de su boda posaron para la cámara, tan llena de magia y destreza, que a casi un siglo de distancia todavía resplandecen.

Josaphat, a más de ser un excelente retratista, tuvo el privilegio – no muy común entre los fotógrafos – de saber manejar el pincel magistralmente.

Por decirlo de algún modo, imprimió más vida aún a algunas fotografías, arte sobre arte, iluminándolas personalmente y captando elementos tan variados y complicados como el tono de la tez, ojos, cabello y vestimenta, desarrollados éstos por el pincel magistral del fotógrafo para presentar verdaderas joyas fotográficas. Las oleografías substituyeron con ventaja, por el grado de dificultad y su valor artístico al moderno color directo.

En éste género, puede afirmarse categóricamente, de que Josaphat desarrolló con maestría la conjunción de la fotografía y la pintura, y si de los buenos pintores puede hablarse de su capacidad para hacer algo bello como producto de la inspiración y destreza en el manejo del pincel y la creatividad para combinar colores, del maestro Josaphat no puede hablarse menos, ya que la dualidad en la composición fotográfica y pictórica en absoluta armonía y operando en una estupenda sinergia para darle vida y esplendor a aquellos rostros captados por su lente.

Su vida llenó una etapa importantísima de la evolución social de su natal Puebla, desde inicios del siglo XX hasta los 70's en que murió.

No obstante, aunque trabajó mucho menor tiempo en las ciudades de Rochester, NY, Washington, DC, la capital de los Estados Unidos y la propia ciudad de Nueva York, dejó una estupenda impresión entre los conocedores de la época, quienes lo bautizaron como "el mago de la luz" por su formidable destreza en el emplazamiento de reflectores y luces de fondo que le proporcionaban a sus obras un toque de elegancia y de magia.

Su calidad indiscutible, llevó a dos figuras muy relevantes de los Estados Unidos a querer posar para él: el presidente Woodrow Wilson y Mary Pickford "La novia de América", entre otros personajes importantes.

En México posaron casi todos los caudillos de la Revolución, Pancho Villa entre ellos. Además de una interminable cauda de legisladores, alcaldes y presidentes de la república y por supuesto, varias generaciones de la selecta sociedad de Puebla.

Josaphat no sólo nos deleita con su obra fotográfica como retratista. Sus fotos urbanas y rurales, deteniendo el tiempo para asimilar la vida de principios de siglo XX en México y los Estados Unidos, cuando las tensiones políticas entre ambos eran constantes y complejas, nos permiten evocar muchos momentos interesantes que a través de su larga y fructífera vida nos narró a sus hijos.

Observador como todo fotógrafo, no podía dejar escapar aquellos aspectos de la vida cotidiana de aquí y de allá, que con tanto detalle nos platicaba y que, como si fueran sus propias fotografías, quedaron grabadas en nuestras memorias para siempre, algunos de los cuales, a la vez yo también les platico.

Alfonso Martínez Guerra.

CAPITULO I

LOS INICIOS

Año de 1889. ¿Cómo poder olvidar ese año? No porque yo lo haya vivido, sino porque en ese año nació Josaphat, mi padre. Así le pusieron por nombre, no por algo especial sino por la costumbre de entonces, de bautizar al pequeño honrando al santo del día correspondiente al del nacimiento.

Claro que algunos exageraban, y tomaban uno de dos caminos, o le ponían un nombre generalmente aceptado para mujeres siendo varón, o le ponían un nombre horroroso porque como se dice, sobre todo en los sectores humildes "que las costumbres son leyes y así le ponemos al niño o a la niña y punto".

Así abundan el Filemón, los Pánfilos, los Policarpos y los Agapitos; o las Austrebertas y Epitacia. Por supuesto que a Josaphat no le fue mal con todo y su "ph", porque cuando sus padres lo llevaron a bautizar nada menos que en la sacristía de la Catedral Metropolitana de la ciudad de Puebla, el santo que se veneraba precisamente el día de su nacimiento, estaba inscrito en unos documentos centenarios, impresos desde la Colonia con ph y así se dispuso que se bautizara y así quedó registrado, lo que años después le favoreció como nombre artístico, pero al natural.

En Estados Unidos su nombre con la famosa ph le facilitó el rápido reconocimiento, además, por ser un nombre poco común al que no importaba olvidar el apellido. Bastó siempre reconocerlo como un excelente fotógrafo y por su nombre de pila.

Generalmente cuando éramos chicos y aún grandes, fueron las preguntas consabidas de parte de nuestros compañeros y amigos, en el sentido de qué nacionalidad tenía, tanto por un nombre poco común, como por la famosa ph, pues no sonaba como algo mexicano, sin embargo ése detalle, tácitamente le dio algo así como un distintivo como para hacerse conocer y resaltar.

Como decía, el año de 1889 a mí se me fijó mucho y sin querer, va uno memorizando coincidencias, como por ejemplo, gratamente descubrí que el mismo año nació el gran Charles Chaplin.

Igualmente ese mismo año Luis Pasteur llevó a cabo exitosamente sus célebres experimentos con la primera inmunización antirrábica, salvando la vida de un niño y sentando las bases de un trascendental hecho en los anales de la medicina universal de todos los tiempos y así como Pasteur, florecían los inventos y descubrimientos que cambiaban el curso de la humanidad.

Lo mismo, tal año se hacían las primeras comunicaciones inalámbricas y Alejandro Graham Bell ya incursionaba exitosamente en el mundo con aquel raro aparato llamado teléfono, inaugurándose casi paralelamente la famosa Torre Eiffel en París y un año antes ya se podía viajar de la ciudad de México a Chicago por tren, de manera que casual y coincidentemente, los cambios venían en cascada por aquella época.

México en aquél entonces vivía una gran transformación política, social y económica.

Nuestro país estuvo apenas a punto de desaparecer del mapa mundi como nación independiente, engullida por los Estados Unidos, medio siglo atrás, cuando perdimos la mitad del territorio, por nuestra propia desorganización e inconsistencias, traiciones y ambiciones de grupos que no aprovecharon la oportunidad de formar una nación fuerte, evolucionada y próspera sino que sus personales ambiciones llevaron al país al colapso y al caos financiero, político y social, lo que aprovecharon los rancheros y granjeros texanos, apoyados por la incipiente pero ya fuerte nación del norte, que olfateaba, como siempre lo fue, la posibilidad de expansión de territorios. De la misma manera, ante ése desorden y con las mismas aviesas intenciones, años después, Francia decidió intervenir a la nación mexicana e imponer a un ingenuo emperador, instaurando el Segundo Imperio Mexicano, el de Maximiliano de Habsburgo, que con su efímera y triste aventura perdió la vida y dividió aún más a los mexicanos.

De no haber sido por Juárez, que con todos sus defectos, condujo a todo ese aglomerado social que vivía en México y que parecía no tener rumbo ni concepto de lo que es una nación moderna, hacia la unidad republicana, con leyes, con autoridad y con orgullo nacionalista.

Claro es que en esa etapa de reconstrucción nacional, o mejor dicho de construcción, corrimos el riesgo de que los congresistas de los Estados Unidos firmaran a propuesta del propio Juárez, el famoso tratado McLane- Ocampo, que felizmente no lo ratificaron. Imagínense perder la Baja California completita y permitir a las tropas gringas andar por todos lados "custodiando las mercaderías y los intereses de la gran nación americana" en el corredor Matamoros-Mazatlán, para unir comercialmente el Atlántico con el Pacífico, por no mencionar el del Istmo de Tehuantepec que fatalmente acabaría como el "Canal de Panamá" mexicano. Pero esa es otra historia.

GENERAL PORFIRIO DÍAZ.
PRESIDENTE DE MÉXICO. 1876-1911

Decía que en las postrimerías del siglo XIX, México emergía en el concierto de naciones como un país fuerte y próspero.

Los ferrocarriles cobraron un auge inusitado pues de una extensión de 638 kilómetros de longitud de la red al final del periodo juarista, se extendió a casi 20 mil kilómetros en la etapa de Porfirio Díaz.

En ese año de 1889, Díaz estaba en la plenitud de su gobierno. Para entonces ya tenía más de una década como presidente de México y todavía le faltarían otras dos.

Con su tesis de "menos política y más administración", el país llegaba a niveles sorprendentes de progreso. Para admiración de propios y extraños, la industria crecía casi al 6% y la agricultura al 4%. Sin embargo, a pesar de esa aparente bonanza y paz porfirianas, el ex presidente Lerdo, desde su exilio en Nueva York pronosticaba en 1889, lo siguiente:

"Y profetizo para México la más grande y poderosa de las revoluciones. No revolución de partidos, estéril y gastada, sino revolución social. Nadie podrá evitarla". Así ha sido a través de la historia cuando se pretende perpetuar el poder.

Aún así, a pesar del negro presagio, el peso de plata mexicano, orgullosamente circulaba y valía no sólo en México, sino prácticamente en todo el mundo, aún en países tan lejanos como China.

Creo que a los humanos nos cautiva todavía tener en las manos algunas monedas de plata, brillantes, pesadas y sonantes. Es un deleite lanzarlas al aire y escuchar su mágico sonido que denota fuerza, riqueza y contundencia.

CERVECERIA CUAUHTÉMOC. MONTERREY, 1900

BANCO MERCANTIL DE MONTERREY. 1900

La prosperidad de México estaba a toda prueba, lo que atrajo a su vez, la confianza de los inversionistas extranjeros, motivados además, por lo que Josaphat más admiraba en don Porfirio: su honradez, la que siempre ponderaba y comparaba con la falta de ella de los subsecuentes presidentes de la revolución mexicana, que con muy contadas excepciones, reconocía.

Durante toda su vida, añoró esa virtud porfirista. Nos platicaba con mucha frecuencia, que en los tiempos de don Porfirio, cualquiera podía viajar por doquier en México aún portando mucho dinero y no había quien lo robara, "tu podías usar una bolsa llena de monedas de oro como almohada y dormir plácidamente en cualquier camino o aún en el monte sin preocuparte de que te lo quitaran. A los ladrones y salteadores de caminos, los fusilaba don Porfirio"; nos platicaba. Lo que parecía tal vez una exageración de Josaphat, nos hizo tomarlo más en serio al leer parte de la entrevista que le hizo el periodista norteamericano James Creelman a Díaz, una exclusiva para "Pearson's Magazine".

"Principiamos por castigar el robo con la pena de muerte y obligábamos a que se ejecutara al culpable horas después de haber sido aprehendido y condenado. Dimos órdenes, para que dondequiera que fuesen cortados los hilos telegráficos, sufriera la pena el jefe del distrito, en caso de no aprehender al criminal y en caso de que la interrupción acaeciese en una hacienda, al propietario que no podía impedirlo se le colgaba del poste más cercano. Téngase presente que estas son órdenes militares".

"Fuimos duros; a veces llegamos hasta la crueldad. Pero todo ello era necesario para la vida y progreso de la nación. Si cometimos crueldad el fin ha justificado los medios. Era mejor que se derramara una poca sangre, para evitar que después se vertiera más. La sangre que se derramó era sangre mala; la que se evitó y salvó, era buena. La paz era indispensable, aún cuando fuera una paz forzada, para que la nación tuviese tiempo de reflexionar y trabajar".

"La educación y la industria han continuado el trabajo empezado por el ejército".

Así, en ese ambiente de paz, la llamada "paz porfiriana", discurrieron los días en que Josaphat pasó su niñez, en la ciudad de Puebla.

FERROCARRIL A VERACRUZ. 1908

De origen humilde, la familia de Josaphat podría decirse que en parte era representativa de la realidad mexicana que hasta el siglo XXI nos sigue persiguiendo, el contraste brutal entre los ricos, los menos, y los pobres, la mayoría.

Naturalmente por aquella época era más evidente esa diferencia y prácticamente los pobres, no tenían rutas de escape hacia el desarrollo o, al menos, a una vida menos ruda.

A Josaphat le tocó acarrear agua en botes haciendo equilibrio con un barrote de madera apoyado sobre sus infantiles hombros, tan pronto tuvo las fuerzas para levantarlos, desde el amanecer y llevarle el preciado líquido a su madre para las faenas diarias, con un frío que los del altiplano ya conocemos.

Cuando este detalle me lo platicó, una mañana en que desayunábamos en nuestra cómoda, y amplia casa de la colonia Santa María, uno de los primeros barrios residenciales de la capital poblana, sentí un nudo en la garganta porque inmediatamente intuí que se reflejaba en mi hermano Roberto y en mí, que andábamos por los 9 ó 10 años, seguramente evocando sus tristes faenas infantiles comparándolas con nuestra comodidad que él no disfrutó.

Nos lo dijo con tanta ternura, que seguramente se sintió reconfortado y orgulloso de que con su esfuerzo y superación, sus hijos mayores y menores que éramos nosotros, no hubiésemos padecido esas penurias.

Ese era el México de entonces. Prácticamente la gran mayoría de la población carecía del servicio de agua potable y había que acarrearla de alguna toma comunal.

Claro es que no sólo en México así eran las cosas. Era el mundo entero que no tenía aún los servicios de tomas domiciliarias para el agua potable y si quieren algo de historia, hay que recordar que en la mismísima ciudad de Nueva York se sufrió de los más severos brotes de cólera y tifoidea todavía después de la mitad del siglo XIX, pues en algunos sectores de la ciudad, el agua era repartida en barricas de madera, con la consecuente contaminación y posterior infección de los consumidores.

Regresando con nuestro personaje, pero algo ubicados en la época que se vivía con una poquita de historia, Josaphat tuvo por aquel entonces, allá por 1903, recién estrenado el siglo XX, contacto con un estudio fotográfico

CATEDRAL DE PUEBLA

del centro de Puebla, que se encontraba justo enfrente de la señorial catedral de Puebla, construida en el siglo XVII, dentro del más puro estilo herreriano.

El dueño de ese modesto estudio fotográfico- no creo que hubiera de otros por aquella época- Silvino Villegas, pronto le dio trabajo a ese inquieto muchacho, al que seguramente le fascinó, como a todos los que lo conocen, el maravilloso proceso en que, como un increíble acto de magia, aparecen los tonos oscuros y claros, que entrelazándose entre ellos con mil combinaciones de milagrería, le van dando forma, poco a poco, a las figuras que aparecen en el papel, en ese ambiente tan lleno de misterio, de seducción y de penumbras, de luz rojiza y olores raros que es el cuarto oscuro.

Como suele suceder en todo el mundo, que a los muchachos, primero quizá por curiosidad de andar husmeando por aquí y por allá, para después descubrir una conveniencia económica y posteriormente hasta un gusto o una vocación por lo que hacen, a Josaphat le encantó la fotografía.

Sólo hay que imaginar esa época en que la tecnología apenas se abría paso para estupefacción de todos. Cualquier proceso de innovación era causante de perplejidad general.

Baste recordar que sólo medio siglo había de por medio con la invención de la fotografía, con los famosos daguerrotipos, que eran unas placas de cobre impregnadas con una emulsión de sales de plata, que como ahora sucede, se sensibilizan con la luz y reproducían la imagen de objetos y rostros.

Sólo que para hacer posible eso, era necesario un tiempo de exposición que se contaba hasta en minutos y se prestaba a innumerables fallas, sobre todo cuando el objeto a retratar eran personas, cuyos involuntarios movimientos o parpadeos, echaban a perder la foto.

Por eso, con el avance de la técnica fotográfica reciente de la impresión de imágenes de negativos en placa de vidrio a positivo en papel, ya podemos imaginarnos a las sociedades de fines del siglo XIX, sorprendidos y embelesadas con la posibilidad de retratarse con un proceso rápido y al alcance de todos.

Cuando mi hermano Roberto y yo éramos pequeños, Josaphat nos encomendaba algunas faenas de su estudio fotográfico.

CATEDRAL DE PUEBLA VISTA DESDE EL ZÓCALO.

Lo primero que yo recuerdo, era que nos ponían a secar las fotografías con la severa advertencia de tomar una por una con ambas manos, cuando eran fotos más o menos grandes, a fin de evitar que se dañara la emulsión por doblar en ángulo recto el papel.

Las colocábamos en unos bastidores de madera con tela muy delgada que permitiera la aireación y que no se adhirieran las fotos en el secado.

Conociendo los trabajos de un aprendiz, por haberlos realizado personalmente desde niño bajo la tutela de mi padre, me resulta fácil imaginar lo que Josaphat hacía en sus inicios con su primera incursión en el terreno de la fotografía con su maestro y patrón, el Sr. Villegas.

Puedo verlo lavando fotos después del proceso de impresión y fijado de las mismas, que éstos ya requieren de mayores conocimientos.

El lavado debe ser muy bien hecho porque de no hacerlo así, en un breve período, las fotos se pondrán amarillas.

Yo tengo fotos, muchas más de las que presento en este libro, que casi cumplen un siglo y se encuentran inmaculadas, lo que habla de la pulcritud del trabajo de Josaphat, además de que es reconocida la durabilidad y estabilidad de las fotos en blanco y negro, pero si éstas no están procesadas correctamente, fundamentalmente el fijado, al poco tiempo se alteran.

Como en toda actividad, a los aprendices, poco a poco se les "van soltando las riendas"

Puedo ver a Josaphat curiosear y hacerse parte de ese proceso misterioso, a la vez que sorprendente, de hacer pasar un haz luminoso a través del negativo para posarse en una lente que a su vez proyecta la imagen en una superficie plana y totalmente horizontal y maniobrar una cremallera que aleja o acerca la lente por la que habrá de pasar esa luz, en su camino hacia la superficie, para "poner a foco" la imagen que habrá de imprimirse.

Tenía una estupenda vista a los ochenta años de edad, poco antes de morir por lo que es obvio que de muchacho, era capaz de darle la distancia adecuada a la amplificadora a simple vista y darle a las impresiones la nitidez y claridad perfectas, para sacar la foto esperada, sin tanta necesidad del visor que suelen usar los fotógrafos para poner a foco.

PORFIRIO DÍAZ PRESIDIENDO EL DESFILE DEL 5 DE MAYO DE 1910 EN PUEBLA. EN LA GRÁFICA EL HERÓICO CUERPO DE BOMBEROS VOLUNTARIOS DE PUEBLA. JOSAPHAT MARTÍNEZ AL CENTRO DE LA SEGUNDA FILA.

Me es fácil adivinar sus pensamientos, del deseo casi patológico, por avanzar en sus conocimientos técnicos, hasta descubrir que ya dominaba con la suficiencia y creatividad necesarias como para dar sus primeros pasos él solo.

Esa es la ley de la vida. La característica innata del hombre, desde el homo sapiens, diferencia fundamental con las otras criaturas de la Tierra.

Nuestra necesidad de ser libres e independientes y sobre todo, a innovar, a redescubrir y a crear. Fundamentalmente los artistas, a los que la naturaleza les permitió una mayor evolución de su hemisferio cerebral derecho, que es el que rige en todos, en unos más, lo que llamamos la inspiración y creatividad artísticas.

Josaphat era muy reservado para algunas cosas. Era sumamente parco para hablar de su familia y solo nos platicaba algunos detalles de su niñez.

Tal vez, de una manera inconsciente, rehuía recordar sus penurias económicas y las limitaciones de su familia. Todos los hermanos así lo aceptamos y nunca, que yo recuerde, preguntamos de más, sabedores asimismo, por su carácter recio, de la conveniencia de no entrometernos en donde no nos llamaran.

Ni siquiera vivíamos intrigados por saber más de nuestra familia paterna, no en un mal sentido, sino respetuosos de lo que sabíamos sin entrar en detalle, de lo que él soslayaba platicar.

También de una manera natural entendimos que para Josaphat, la superación personal era más que imprescindible y él era el vivo ejemplo de lo que nos inculcaba y aconsejaba.

Lo que mucho nos llamaba la atención era su buena educación, pues estaba al tanto de todos nuestros actos, como el que a la hora de comer, debíamos estar todos correctamente sentados y a la distancia debida las sillas de la gran mesa familiar, en donde imperaba no sólo la limpieza, sino el orden de los platos, cubiertos y accesorios como saleros, vasos y las jarras de agua.

Cuando sospechaba a ojo de pájaro de que alguno de nosotros no se hubiera lavado las manos, lo hacía pasar a un lado de él y en el caso de que su

HERÓICO CUERPO DE BOMBEROS VOLUNTARIOS DE PUEBLA.
JOSAPHAT MARTÍNEZ, EXTREMA IZQUIERDA
DE LA FILA POSTERIOR.

sospecha fuera cierta, nos mandaba de inmediato a lavar, con la debida reprimenda; en que para hacer más patente que él era el que mandaba, nos hablaba "de usted" con frases como ¡oiga usted caballerito! ¿No le da a usted vergüenza sentarse a comer con esas manos sucias? ¡Vaya inmediatamente a lavarse bien y que sea la última vez que se lo digo! Clásica reprimenda de la gente educada del pasado siglo.

Me parece sumamente interesante que él fuera así, no obstante su humilde origen en que cualquiera podría suponer que "la educación es inversamente proporcional al poder económico", y que por supuesto es totalmente falso.

Por lo poco que nos platicaba de sus padres, es evidente que a su vez fueron estrictos con él y sus hermanos, pero los educaron bien.

Siempre fue respetuoso con las personas y hasta caballeroso, lo que me permite suponer que fuera así con su maestro, el Sr. Villegas, quien no obstante, procuraba esconder sus secretos profesionales celosamente, obligando al muchachito Josaphat a darse sus habilidades y mañas para comprender mejor el apasionante mundo de la fotografía, de tal manera que de reojo acercándose bajo cualquier pretexto durante el proceso, lo cual le estaba vedado entrar a ver al cuarto oscuro, empezaba a entender la esencia del revelado e impresión de fotos y de aquello que le quedaba duda, de plano había manera de espiar o sacar de a poco sus propias ideas, despejando así lagunas y eslabonando conclusiones.

Como suele suceder en todas las actividades humanas, llámese zapateros, carpinteros, médicos o fotógrafos, llega el momento en que se siente uno con alas para volar después de estar al lado de quien conoce del oficio o profesión y haber aprendido, tomar fortaleza y lanzarse al ruedo con negocio propio y sin patrones.

Eso fue lo que le sucedió a Josaphat en el año de 1907 en que se instaló en una calle con el poético nombre de "calle de Los Loros". En Puebla, desde la época colonial se heredaron los nombres de las calles, que obedecían a hechos reales o a leyendas que eran sabrosamente platicadas por las gentes que nacieron con el siglo.

Así, había calles de "Infantes", "Morados", "Mercaderes", "callejón de los Sapos", algunas de las cuales conservan su denominación todavía.

FUERZAS FEDERALES PUEBLA, 1914

Por allá de la década de los 30's, cambió la nomenclatura de esa ciudad por otra más práctica y ordenada, denominando los cuatro puntos cardinales según su ubicación, a saber, norte, sur, oriente y poniente.

Más ordenada pero menos romántica.

Cuando se instaló en su estudio, en todo el territorio nacional ya se sentía que algo grande se avecinaba, no obstante que el país estaba pacificado y se disfrutaba de la famosa "paz porfiriana". Decía Josaphat de que era una especie de presentimiento, tal vez fundamentado por los rumores de levantamientos, sobre todo ideológicos ante el concepto de "de que nada es para siempre" y de que algún día, por fuerza se acabaría el porfiriato.

No obstante que el país estaba pacificado, se percibía cierta inquietud que pronosticaba cambios sociales y muy profundos.

El país progresaba pero la gente no era libre. La libertad estaba bien delimitada y llegaba hasta el punto en que no se criticara o vulnerara a la dictadura porfirista. Aquellos que se atrevieron a desafiar a Díaz, ya sabían lo que les esperaba.

Su control era absoluto, los gobernadores de los estados eran sus aliados y sólo recibían órdenes, informes y sugerencias sobre asuntos tan variados como las elecciones de las legislaturas estatales, indultos de reos sentenciados, así como órdenes para reprimir a los rebeldes.

Josaphat me contaba de que don Porfirio llevaba la política de "pan y palo" y de que el pueblo empezaba a hartarse, él entre ellos, de la dictadura.

Pan, o sean prebendas y concesiones para los leales y palo o castigo contra los rebeldes o críticos.

A los escasos articulistas que se atrevían a criticar a Díaz, aunque fuera veladamente, provocaban inmediatamente una reacción por parte de él. "Échenle unos huesos a esos perros para que dejen de ladrar", solía decir don Porfirio a sus colaboradores. Así les daban unos billetes a los periodistas, llegando a su máxima expresión el famoso "embute", práctica de "desarmar a los periodistas" a base de regalías y dinero, que en México se extendió hasta nuestros días.

INTERIOR CATEDRAL DE PUEBLA

Josaphat por eso detestaba a los periodistas, porque muchos de ellos se vendían y no decían la verdad.

En esa época, don Francisco I. Madero, ya había aparecido en el escenario nacional. Un hombre con ideales puros, que soñaba con hacer de México un país democrático.

Su obra, "La Sucesión Presidencial" había estremecido a la nación, entre todos, a Josaphat, que ya esperaban un viraje de la "odiosa dictadura" a las elecciones libres.

Díaz, sin embargo, tenía todavía las estructuras férreas del poder. El miedo del pueblo, a pesar de su descontento, era el mejor aliado del dictador. ¿Quién mejor que él para definir lo que veía en el pueblo mexicano?

"Los mexicanos, decía, están contentos con comer desordenadamente antojitos, levantarse tarde, ser empleados públicos con padrinos de influencia, asistir a su trabajo sin puntualidad, enfermarse con frecuencia y obtener licencias con goce de sueldo, no faltar a las corridas de toros, divertirse sin cesar, tener la decoración de las instituciones mejor que las instituciones sin decoración, casarse muy jóvenes y tener hijos apasto, gastar más de lo que ganan y endrogarse con los usureros para hacer "posadas" y fiestas onomásticas. Los padres de familia que tienen muchos hijos son los más fieles servidores del gobierno, por su miedo a la miseria; a eso es a lo que tienen miedo los mexicanos de las clases directivas: a la miseria, no a la opresión, no al servilismo, no a la tiranía; a la falta de pan, de casa y de vestido, y a la dura necesidad de no comer o sacrificar su pereza.".

Ya en 1891, el mismo Díaz decía proféticamente. "creo que cuando prevalece el descontento contra un gobierno, va adquiriendo poco a poco una fuerza tan irresistible que no hay obstáculo capaz de detenerlo".

Pero don Porfirio, en el mismo año en que Josaphat se independizaba profesionalmente e instalaba su primer estudio fotográfico parecía ignorar sus propias palabras expresadas unos cuantos años antes.

Díaz no escapó de lo que es muy común en la gente, como decimos en México: "Farol de la calle y oscuridad de la casa".

IGLESIA DE LA COMPAÑIA, PUEBLA PUE.

En México se respiraba un ambiente extraño. Nadie discutía que Díaz había unificado y consolidado el concepto de nación, con estructuras, con leyes y gobierno con personalidad. Había orden y progreso indiscutibles, pero faltaba lo que es la cualidad natural e inalienable del hombre: Libertad.

Ese fue quizá el único peldaño que le faltó a don Porfirio. No había escuchado las voces críticas que ya se oían por todos lados, ni leído la última frase de la "Historia política" de Justo Sierra "toda la evolución social mexicana habrá sido abortiva y frustránea si no llega a ese fin total: La libertad".

Así, el escenario mexicano estaba en su punto para que alguien con liderazgo e ideas diera el ansiado paso e iniciara lo que sería el primer movimiento social del siglo XX.

En Coahuila, un joven y rico hacendado llevaba años de luchar por la democracia. Se llamaba Francisco Indalecio Madero y con su libro "La Sucesión Presidencial", que se vendía como pan caliente a millares de mexicanos en todo el territorio, cuya idea de libertad y democracia, era ya unánime, alentados por el lema maderista de "Sufragio Efectivo No Reelección".

Josaphat era uno de los millares y millares de mexicanos entusiasmados por la posibilidad real de los cambios que ya se veían venir.

CAPITULO II

BARRUNTOS DE TORMENTA

Madero estaba en los labios de mis familias, paterna y materna, aunque después de que pasó esa intensa y dramática, sangrienta y terrible etapa de la historia de México, mis padres añoraron y, echaron de menos a don Porfirio.

VENUSTIANO CARRANZA CON LOS HERMANOS SERDÁN, DANDO EL PÉSAME POR LA MUERTE DE AQUILES. PUEBLA, 1911.

Coincidían mis padres y mi tía Lulú, casada con un coronel zapatista, con aspecto de "científico", denominación que se daba a los porfiristas, que lo que más echaban de menos, eran el orden y la honradez del régimen porfiriano.

Siempre vivieron escandalizados por lo excesos, los dispendios y trapacerías de los sucesivos regímenes post-revolucionarios.

En 1909, Madero daba el paso decisivo con la formación del Partido Nacional Anti Reeleccionista y el lanzamiento de su candidatura presidencial para 1910.

El patriarca de los Madero, jefe del clan, agricultores y vitivinicultores exitosos de Coahuila, de la región de San Pedro de las Colonias, don Evaristo Madero, puso el grito en el cielo diciendo "es la lucha de un microbio contra un elefante".

Francisco, un hombre de baja estatura y aspecto poco impresionante, empezando con su voz, respondió "que los microbios a veces matan elefantes".

Yo creo que ningún país escapa a la realidad de lo inconveniente – o peligroso- que resulta "el ponerse con Sansón a las patadas" como decimos popularmente en México.

Hablar de libertad, de democracia y sobre todo de la posibilidad de una sucesión presidencial en las propias barbas de don Porfirio, de verdad que requería de un gran valor.

Madero había estudiado en París y adoptado algunas tesis espiritistas en que creía hablar y estar en contacto directo con algunos personajes de la historia de México, como el propio Benito Juárez que le daba consejos y le imponía la pauta a seguir.

A través de mi vida, he conocido a algunas personas que se motivan y sugestionan tanto con lecturas, textos religiosos y Biblias, que en un momento se salen de la realidad y se hablan de tú con Dios y se sienten embajadores o representantes celestiales plenipotenciarios en el planeta Tierra.

GRAL. ALVARO OBREGÓN

Yo creo que a Madero le ocurrió algo semejante, aunque la profundidad, sensatez y honradez de sus ideas, estaban a toda prueba.

Como quiera que sea, don Porfirio en un principio, no tomó en serio a Madero, de quien decía: "pobre Panchito, quizá por sus fervores espiritistas, se ha vuelto loco".

La cosa iba en serio pues Madero empezó a ganar terreno, y ya se le reconocía como "Apóstol de la Democracia".

Para Díaz era muy importante presidir las "Fiestas del Centenario". 1910 marcaba la fecha histórica de un siglo transcurrido desde el inicio de la lucha por la Independencia de México, la que finalmente se obtuvo en 1821. Sin embargo, siempre hemos festejado el famoso "Grito" del 15 de Septiembre, que se dio en 1810 cuando don Miguel Hidalgo inició la lucha.

Así, se presentaba la oportunidad de hacer del primer centenario la más apoteósica de las fiestas de la historia mexicana.

100 años de haber dejado un remedo de país, sin estructuras ni orden, sin rumbo ni unidad nacionalista.

Ahora en 1910, una nación admirable y respetada por todo el orbe, con un hombre que por fin le dio progreso y desarrollo a un pueblo desbalagado y entronizado en luchas sangrientas internas que diluían toda posibilidad de evolución, no era poca cosa.

En julio de ese mismo año hubo elecciones, que fueron descaradamente fraudulentas, en que claro está, don Porfirio arrasó a su contendiente Madero, quien desde su prisión en San Luis Potosí, convocaba a la nación a iniciar una revolución y derrocar la dictadura porfirista que ya llevaba en el poder casi 34 años.

La fecha la definió para el 20 de Noviembre de 1910.

CONGRESO DEL ESTADO DE PUEBLA

Josaphat nos comentaba que con toda seguridad don Porfirio no tomó muy en serio a Madero en un principio.

Don Porfirio imponía por su gran personalidad. Sin ser muy alto, con su uniforme elegantemente ataviado y lleno de medallas cuando vestía de gala, se veía de más altura de lo que en realidad era.

Sus abundantes bigotes blancos, retorcidos y su pelo blanco, le daban mayor relevancia a su figura que denotaba autoridad y sobre todo, quién era el que mandaba.

Hay personas que no tienen mucho que parlotear o discutir; su mirada lo dice todo, como Josaphat al que con sólo verle a los ojos, sabíamos perfectamente lo que nos quería decir, sobre todo cuando hacíamos algo mal, sus regaños salían sobrando.

Siendo él fotógrafo, y por lo tanto muy observador de todo, de rostros y expresiones, catalogó muy bien a don Porfirio, al que le tocó en suerte verlo en algunas ocasiones que visitó la ciudad de Puebla a la inauguración de algunas obras y a los festejos de la conmemoración de la batalla de Puebla algún 5 de Mayo de inicios del siglo. Por cierto, Josaphat desfiló ante él, en su carácter de miembro del Cuerpo de Bomberos Voluntarios de Puebla, con todo el contingente precisamente el 5 de mayo de 1910.

Don Porfirio fue un gran militar que destacó durante la intervención francesa por su valor y lealtad, así que con todo el poder; absoluto éste, y el gran prestigio de un militar ya legendario ¿qué le esperaba a Panchito? Éste, chaparrito, con una voz que no le ayudaba nada y con ideas raras de espiritismo, revelaciones y consejos del más allá, ni el más optimista pudiera augurarle triunfos contra don Porfirio.

Sin embargo sus ideas políticas ya habían "prendido" en la mente de los mexicanos que necesitaban con ansias los cambios de los que hablaba su obra "La Sucesión Presidencial".

Mientras tanto, Díaz iniciaba su octavo período presidencial que debía culminar en 1916, cuando tuviera ochenta y seis años.

GRAL. FRANCISCO VILLA A SU LLEGADA A LA
CONVENCIÓN DE AGUASCALIENTES 1914

Para celebrar las fiestas del centenario, se hicieron preparativos en todo el país y las naciones amigas enviarían a sus representantes personales de los respectivos jefes de estado.

Los mexicanos siempre hemos sido buenos para las fiestas y celebraciones multitudinarias, con fuegos artificiales, música, bailes, banquetes, confeti y todo lo que huela a pachanga.

Y así fue la de 1910, nada menos que la celebración centenaria del inicio de la guerra de Independencia.

Para llegar paralelamente a la gran celebración, Díaz mandó editar una obra llamada "México, su Evolución Social", compuesta de tres colosales tomos impresos en Barcelona, que bajo la dirección de don Justo Sierra, un brillante hombre de letras, escribía loas a la etapa porfirista, sus obras, los comparativos, con una profusa publicación de datos, cifras y avances desde la etapa prehispánica, pasando por la Colonia y claro está, culminando con bombos y platillos en lo que fue su régimen.

Esa obra, ricamente ilustrada con un gran número de fotos y láminas, no deja lugar a dudas de las grandes acciones porfirianas, que a más de cien años de distancia, todavía provocan asombro.

Los libros llegaron con toda seguridad a la casa por la vía de mi familia materna, ya que, el padre de mi madre, siendo Secretario de gobierno de Puebla, los debe haber recibido como regalo del general Díaz como evidentemente sucedió con los funcionarios públicos de cierto nivel en todo el país.

Yo todavía los conservo como un preciado regalo de mi tía Lulú.

Mi abuelo materno, poco antes de morir, muy cerca de las celebraciones de 1910, desde su lecho de muerte, hizo pasar uno a uno a sus numerosos hijos, incluyendo a mi madre, pequeñita de 9 años.

Intuyendo que también en ellos había prendido la idea de la revolución, les pidió que de ninguna manera se atrevieran a morder la mano que les dio de comer. Terminando con todos los hijos, a los que además les dirigió otras palabras personales, como es natural en estos casos, hizo un gran esfuerzo físico para incorporarse y despedirse de sus amigos con un afectuoso ademán,

GRAL. FRANCISCO VILLA EN LA CONVENCIÓN DE AGUASCALIENTES 1914

quienes al frente, veían la escena a través de una ventana, para caer muerto inmediatamente.

Josaphat, era amigo de la familia Guerra, apellido de Rosario, mi madre, estaba al tanto de todos estos acontecimientos y yo creo que es representativo de lo que en la vida es muy común: la admiración, primero, hacia una familia en donde nace un cariño y que con el trato continuado, hay además una confianza absoluta en que suelen ocurrir enamoramientos y bodas.

Naturalmente que por entonces eso no podría suceder, ni por asomo, pues Josaphat ya era un hombre de 21 años y mi madre de sólo nueve. Eso sería mucho después.

La amistad y respeto de Josaphat hacia mi familia materna era muy grande y siempre ponderó los detalles de fortaleza y lealtad de los Guerra.

Poco después de la muerte del padre de los Guerra, su propia madre que vivía con ellos, sintiéndose quizá una carga para la familia, o tal vez ya sin justificación, según ella, para continuar en la casa, una vez su hijo muerto, se aprestaba a empacar cosas y su ropa para irse, cuando su nuera, la reciente viuda, le dijo: "usted está en su casa, sin importar si su hijo esté vivo o muerto. Usted se queda aquí y nosotros estaremos felices de convivir con usted y atenderla porque es parte muy importante de la familia. Su hijo la dejó en ésta casa y aquí se queda".

Poco tiempo después, hubo una epidemia de tifo en México y Estados Unidos. En Puebla fue gravísima, con gran cantidad de enfermos y muertos.

El tifo o tifus exantemático en aquel entonces era una enfermedad, que como casi todas las del tipo infeccioso eran sumamente peligrosas.

Hay que recordar que por entonces, aunque ya había investigación bacteriológica, puede decirse que estaba en pañales, y con una serie de enfermedades, apenas se experimentaban los procesos de vacunación y, obviamente no se conocían todavía los antibióticos. Así, una enfermedad que ahora no representa mayor peligro, a principios del siglo XX, era mortal.

Por esa razón el promedio de vida en México apenas superaba algo más que los treinta años.

BEATRIZ, LA SUEGRA DE ROSARIO LA GRANDE

Pues bien, aquella viejecita, abuela paterna de mi madre, enfermó de tifo.

El tifo es producido por un microorganismo llamado Rickettsia que lo transmiten fundamentalmente las pulgas y los piojos. Otro desastre de la época: ¿Cómo fumigar?, no había camino, pues no se conocían los plaguicidas ni el ciclo reproductivo a plenitud de muchos insectos hematófagos como éstos para llevar a cabo las medidas sanitarias adecuadas y así evitar muchas enfermedades que desde tiempos inmemoriales asolaron a la humanidad.

Así, la viejita, postrada en la cama, era amorosamente atendida de día y de noche no sólo por la nuera, sino también por dos de las nietas; las más pequeñas, mi tía Lulú y Rosario, mi madre.

Al recibir la visita del médico y confirmar el diagnóstico por los intensos dolores de cabeza y músculos, fiebre, alucinaciones y las temibles máculas y pápulas cutáneas, el médico increpando y, casi regañando a mi abuela le dijo ¿Cómo se le ocurre a usted exponer la vida de estas pequeñas y la suya propia, cuidando a esta enferma que padece de un problema altamente contagioso?

Mi abuela, sin inmutarse respondió tajantemente: "Mire doctor, ésta enferma la consideramos nuestra madre. Ella siempre estuvo al lado nuestro cuando enfermábamos, sin importar la gravedad o los riesgos, cuidándonos de día o de noche. No veo cómo ahora pudiera ser distinto".

"Si mis hijas o cualquiera de nosotros muere en el cumplimiento de su deber, ¡bien muertas!" agregó.

Poco después murió la enferma y milagrosamente se salvaron sus cuidadoras.

La revolución debía estallar el 20 de Noviembre en todo el país.

Los hermanos Serdán, encargados de abrir hostilidades en Puebla, fueron descubiertos antes de iniciarlas, el 18 de Noviembre, y ahí empezó la balacera y, por lo tanto, la revolución.

Algunos soldados entraron a la casa, que se encuentra en la que se llamó calle de Santa Clara, y en apariencia, no había nadie, sin embargo, uno de los

ROSARIO LA GRANDE

soldados alcanzó a escuchar algo así como que alguien tosía de manera intermitente.

Orientándose por ese leve sonido, el soldado se acercó silenciosamente, cuando vio que se abría una tapa de madera y alguien asomaba la cabeza para iniciar su salida desde su escondite. De certero balazo el hombre fue muerto. Era Aquiles Serdán, quien prácticamente iniciaba con esos hechos armados la Revolución Mexicana.

Casi inmediatamente después aparecía en la escena mi tío, el Lic. Higinio Guerra, agente del ministerio público del fuero federal, primo hermano de Rosario, a dar fe del cadáver y levantar el acta correspondiente.

Muchos años después, con su voz pausada y explicando hasta el más mínimo detalle, mi tío me narró el trágico suceso, que siempre me impresionó por tratarse del primer muerto con el título de revolucionario y que, con ese suceso, cambiaría dramática y dolorosamente la historia de México.

La mañana del 20 de Noviembre de 1910, fecha del anunciado levantamiento nacional, Madero, al frente de solamente 10 hombres, de cuatrocientos o más que se le iban a sumar para atacar a la actual Piedras Negras, Coahuila, llamada entonces Ciudad Porfirio Díaz, decide no hacerlo por razones obvias y prefiere pasar a los Estados Unidos y esconderse en Nueva Orleáns.

Sin embargo la mecha ya había prendido y hubo muchos levantamientos importantes en todo el país y aunque parecía todo un fiasco al principio, la lucha ya se había extendido.

Díaz intenta un arreglo, prometiendo democratizar al gabinete y permitir una apertura y libertades políticas.

Madero no lo acepta y después de muchas negociaciones, de manera casi incruenta, Díaz renuncia, nombrando a un presidente interino, el Secretario de Relaciones Exteriores, Francisco León de la Barra, para convocar a elecciones generales.

Josaphat por aquel entonces estaba a la expectativa, pero optimista, ya que todo apuntaba a que Madero ganara las elecciones y, por fin, México viviera en paz y con democracia.

PATIO COLONIAL, PUEBLA, PUE.

Díaz, para evitar mayores conflictos, se autoexilia y se embarca a Francia, lo que paradójicamente entristece a Josaphat como a muchos mexicanos que deseaban cambios pero a la mera hora tal vez por la forma en que salió, viejo y derrotado, rechazado en ese momento cuando apenas unos meses atrás era todo esplendor y fuerza, profetizando a su salida en el Ipiranga que era el nombre del vapor que lo llevaría para siempre fuera de su patria, "ya despertaron al tigre y ahora a ver cómo lo apaciguan".

Me imagino que el estado de ánimo de Josaphat era como cuando uno reniega continuamente de alguien y cuando se va definitivamente, le asaltan a uno sentimientos entre arrepentimiento y de que aquella persona, después de todo, no era tan mala.

Tan cierta esa apreciación, que Josaphat durante toda su vida, recordó a don Porfirio con cariño y con nostalgia.

Yo creo que eso le pasó a muchos mexicanos, que además, no se acostumbraron a los buenos modales de Madero una vez que ganó las elecciones en Octubre de 1911, lo que deja en claro de que para el grueso del pueblo de México, la rudeza y el autoritarismo eran sinónimos –y tal vez todavía haya quienes así lo piensan- del buen gobernar.

Las libertades que garantizaba Madero y su lealtad a los principios democráticos de los cuales emanan el respeto a la vida de los demás y el derecho a la libertad de expresión y a diferir políticamente de su régimen que iniciaba, en vez de valerle elogios, fue causal de críticas perversas, principalmente generadas con los diarios y publicaciones de la época que como quiera, fueron mermando su fuerza ante la opinión pública.

Cuando a finales de 1912 llegó el embajador de Cuba, Manuel Márquez Sterling, encontró a un Madero políticamente solo.

El embajador escuchó estos conceptos de la gente en torno a Madero: "La clase alta lo desprecia y las clases bajas recelan. Nos ha engañado a todos. No tiene un átomo de energía. No fusila. ¿Usted cree que un presidente que no fusila, que no castiga, que no se hace temer, que invoca siempre las leyes y los principios, puede presidir?

"Si dentro de Madero hubiera un don Porfirio oculto y callado, México sería feliz".

AV. REFORMA. PALACIO MUNICIPAL DE PUEBLA 1932

No hay duda del desánimo y decepción de Madero cuando en Septiembre de 1912 le dirige al Congreso un mensaje dramático y que revelaba la cruda realidad.

"Si un gobierno tal como el mío, no es capaz de durar en México, señores, deberíamos deducir que el pueblo mexicano no está preparado para la democracia y que necesitamos un nuevo dictador que, sable en mano, silencie todas las ambiciones y sofoque los esfuerzos de aquellos que no entienden que la libertad florece solamente bajo la protección de la ley".

Yo supongo por lo que oí hablar muchos años después, a Josaphat y también a Rosario, que por esos años se percibía en México una atmósfera de miedo, de desconfianza e incertidumbre.

Tal vez en la mente de Josaphat ya se incubaba la idea de emigrar hacia Estados Unidos, aunque no la pondría en práctica de inmediato, sino unos años después.

Por lo pronto, en Febrero de 1913, se inician en México una serie de actos subversivos en contra de Madero, en que las feroces ambiciones de su ministro de guerra, Victoriano Huerta, salen a relucir.

Esa etapa sangrienta, que duró diez días, se le conoció como la "decena trágica" y fue recordada con gran amargura durante toda la vida por Josaphat como uno de los acontecimientos más estremecedores de la historia de México, en que se dieron traiciones, asesinatos y caos social, que derivaron en una sucesión de acontecimientos sumamente graves.

En estos hechos tiene una participación fundamental el embajador norteamericano Henry Lane Wilson, quien odiaba a Madero y permanentemente lo hacía blanco de sus ataques e informando falsamente de los hechos al presidente Taft y al Departamento de Estado.

Lo mismo hizo con el cuerpo diplomático acreditado en México, que con el descrédito manipulado por el embajador Wilson, acabó por debilitar aún más a Madero, ya que una parte importante de los diplomáticos estaban contra él y se estaba tejiendo una visión internacional adversa.

AURORA ESPAÑA, LA PRIMERA ESPOSA DE JOSAPHAT CON SUS DOS HIJAS. CONEY ISLAND, N. YORK.

El propio embajador Lane Wilson ha sido señalado desde siempre, no sólo como intrigante en aquellos sucesos sino como el cerebro principal, dadas las extrañas acciones militares llevadas a cabo en la Ciudadela, escenario de ese trágico episodio.

Para el embajador norteamericano, Madero es "un tonto, un lunático, a quien sólo la renuncia podrá salvar".

"La situación es intolerable. Yo pondré orden", comentó al ministro de Cuba.

Y tiene que hacerlo rápidamente porque el 4 de Marzo tomará posesión Woodrow Wilson como presidente de Estados Unidos y el cuadro cambiará en favor de Madero.

Según el embajador alemán, "el embajador Wilson elaboró el golpe. Él mismo se pavonea de ello".

Como es de suponer, la culminación de estos sucesos y conjuras, derivó en el asesinato a sangre fría del presidente Madero y su vicepresidente José María Pino Suárez. Ni se diga la tortura y asesinato de su hermano Gustavo.

Victoriano Huerta, el usurpador, tomó posesión como presidente de México y entonces empezó lo peor.

Josaphat a estas alturas ya no titubeaba acerca del futuro del país y de su propia persona, y la de su familia. Sabía con toda certeza que la superación personal en el sentido profesional, así como su bienestar económico, no lo encontraría ya en su amado México.

Ahora ya sabía la verdad y ante los acontecimientos y la "rebatinga" como él llamaba a la lucha descarnada de mexicanos contra mexicanos por el poder, no tendría caso quedarse a presenciar la lucha fratricida que se veía venir aún con más crudeza y que, a final de cuentas, no estuvo nunca en su proyecto personal de vida.

Supongo que por esas fechas, Josaphat ya estaba casado con una dama poblana que le dio dos hijas, mis medias hermanas.

NOVIA DE LA PRIMERA DÉCADA DEL SIGLO XX.
NUEVA YORK

Ella era Aurora España, mujer de aspecto distinguido y exquisito modo de vestir.

Desafortunadamente, no conocimos más detalles porque como he dicho, Josaphat evitaba hablar de algunos asuntos que él consideraba íntimos, o que simplemente, no le pegaba la gana platicarlos.

Siempre respetamos sus omisiones y más bien lo vimos con toda serenidad, sabedores de que era un gesto de delicadeza y generosidad el separar asuntos de su primer matrimonio con el segundo.

Por eso nunca supimos los detalles de ese noviazgo, así como la personalidad de su primera esposa, que, al paso de los años, me hubiera encantado saber más de ella.

Lo poco que puedo describir de esa dama, es a través de una foto inédita, cuyo negativo (vintage print) quedó en el olvido por décadas, hasta que yo pude hacer algunas impresiones que, tiempo después, otra vez mi tía Lulú, en una visita que hizo a mi casa, me dijo súbitamente, viendo con gran penetración a una foto que exhibía en la sala en un "collage"; ¡ahí está la esposa de tu papá! me dijo señalando a esa mujer, y ¡ahí están tus hermanas!", de la mano de su madre.

Esa foto me gustó- sin saber que ahí estaba la mismísima esposa de Josaphat- por lo inverosímil, por lo discordante. Esas son la fotos que frecuentemente se ganan los premios, las que reúnen personajes que nada tienen que ver entre sí y que nunca a nadie se le ocurriría reunirlos en un solo escenario, excepto a los fotógrafos o los artistas como Josaphat.

Un lugar como Coney Island, que pudiera ser la locación, aunque ello no importa mucho más que el hecho de encontrarnos frente a un conjunto de gringos, con sus "atrevidos" trajes de baño y las reminiscencias de los zapatos tenis y en medio de todos ellos, una dama elegantemente ataviada con sus dos hijitas, vestidas más bien para una exclusiva fiesta infantil, que para una informal foto playera.

Ahí estaba Aurora España y así tuve el gusto de conocerla y ahí la dejo para recordarla por siempre.

Con el asesinato de Madero, las cosas cambiaron en México.

NOVIA DE LA PRIMERA DÉCADA DEL SIGLO XX.
NUEVA YORK.

En Coahuila, el gobernador Venustiano Carranza, desconoce a Huerta y convoca a la nación a hacer lo mismo y a rebelarse contra él.

El 26 de Marzo de 1913 se firma el "Plan de Guadalupe" en la hacienda del mismo nombre, muy cerca de Monclova, en el mismo estado de Coahuila.

Asimismo se desconoce a los poderes legislativo y judicial de la federación, así como a los gobiernos de los estados que aún reconozcan a los poderes federales que forman la actual administración.

Para la organización del ejército encargado de hacer cumplir nuestros propósitos, nombramos como primer jefe del ejército, que se denominará "Constitucionalista" al ciudadano Venustiano Carranza, gobernador del estado de Coahuila, quien se encargará del poder ejecutivo, interinamente, una vez ocupada la ciudad de México y posteriormente convocará a elecciones generales tan luego como se haya consolidado la paz, entregando el poder al ciudadano que hubiese sido electo ".

A los pocos días, una delegación de Sonora que encabeza Adolfo de la Huerta visita a Carranza en Monclova y se adhiere al Plan de Guadalupe. Desde el principio Sonora sería el principal bastión contra los federales, un estado remoto y poderoso del que habían surgido varios líderes naturales provenientes de la clase media, algunos de ellos prósperos agricultores, Álvaro Obregón, Benjamín Hill, Plutarco Elías Calles, además, Chihuahua se adhiere al Plan, reforzándose la presión en contra de Victoriano Huerta, a quien además de "usurpador", el pueblo siempre lo recordó como el "chacal", hasta nuestros días.

Pero Carranza no es de la complacencia de todos y surgen fuertes conflictos entre los principales caudillos, sobre todo con Villa y Zapata.

Como suele ocurrir en México, no se ponen de acuerdo, nadie cede en sus aspiraciones y todos quieren el poder.

Se sugiere reunir a todas las partes en un supremo evento, a celebrarse en el centro del país, dando lugar a la Convención de Aguascalientes, cuyas sesiones inician el 5 de Octubre de 1914.

NOVIA DE LA PRIMERA DÉCADA DEL SIGLO XX

Su objetivo, unificar criterios de unos 150 generales, los más relevantes del movimiento armado, incluidos algunos civiles representantes de otros caudillos, entre ellos Emiliano Zapata.

La misión de esa Convención, era llevar a buen fin los dos objetivos de la revolución, el político y el económico.

De alguna manera se llegaba a la disyuntiva al cuestionar quién era el depositario legítimo del poder: la Convención de Aguascalientes con sus representantes, o el Primer Jefe Constitucionalista, encargado del poder ejecutivo de acuerdo con el Plan de Guadalupe.

En pocas palabras, era quizá el último intento que se daba en México para ponerse de acuerdo todos los caudillos, generales, pensadores, ideólogos, etc., para sacar alguna fórmula que convenciera a la mayoría, depositar transitoriamente el poder y posteriormente convocar a elecciones.

Además, fundamentalmente, evitar un baño de sangre que ya se veía venir.

Josaphat tomó todos sus enseres y equipo fotográfico y se fue a la famosa Convención de Aguascalientes. Veía entre otras cosas, una buena oportunidad para conocer a aquellos hombres legendarios de quienes tanto se hablaba ya en el país alborotado por todos ellos, además de que como retratista, se abría una posibilidad profesional para fotografiarlos y, vanidosos y protagonistas como siempre han sido los revolucionarios de todo el mundo, hacerles cuantas docenas de fotos ordenaran, que era así como se mandaban a hacer sus fotos, para repartirlas entre adeptos y quienes buscaban favores en el caso de que cualquiera de ellos llegara a la ansiada meta de ser el "señor de las decisiones" para repartir bienes y privilegios.

Cuánta dificultad para los fotógrafos de entonces seguir los pasos con ese objetivo a los famosos revolucionarios. Cualquier duda que hubiere de parte de algún salvaje en el trayecto ferroviario hacia la ciudad de Aguascalientes con respecto al fotógrafo, pensando cualquier cosa, aconsejados por sus primitivas desconfianzas, podría acabar en algún ahorcamiento o fusilamiento.

Por otra parte, el manejo de las enormes cámaras, pesadas, estorbosas y delicadas por la posibilidad de romper el sistema óptico con algún infausto y brusco movimiento, vistas actualmente como verdaderos armatostes,

SERIE NUEVA YORK 1918

inconcebible pensar que en su tiempo se pudieran manejar para salir a tomar fotografías en locaciones diversas, además de los negativos de vidrio en grandes formatos de 5x7 pulgadas, pesadísimos y delicados, hacían que una simple labor fotográfica se tornara en una verdadera odisea.

No hace falta decir que en la actualidad, cualquier fotógrafo con esa maravilla de cámaras digitales, casi de bolsillo y con capacidad de miles de tomas, tiene el camino sumamente fácil, infinitamente más sencillo que hace un siglo.

El hecho de que se decidiera Josaphat a viajar a la Convención en tales condiciones, sin duda fue para él la última oportunidad que se daba para quedarse en México. Su traslado lo hizo por ferrocarril y debió ser muy penoso por las circunstancias ya descritas.

Los negativos en vidrio, anteriores al acetato, complicaban aún más la misión que bullía en su mente: atrapar para siempre la imagen de los principales caudillos de una revolución cuya fama trasponía las fronteras de México, que en el extranjero era vista con gran interés, particularmente en los Estados Unidos, cuya desconfianza no ocultaban y sería tema de seguridad nacional mientras hubo hombres armados al otro lado de su línea divisoria del sur.

Sin más carta de acreditación que su voluntad para aprovechar la magnífica oportunidad que se le ponía enfrente, la de encontrar a tantos y tantos hombres famosos, rudos, legendarios, de los que sólo daban cuenta los diarios de la época y era imposible volverlos a reunir.

Algunos de ellos, enemigos acérrimos que poco después, al no ponerse de acuerdo con la idea pacifista de origen, fueron actores de encarnizadas y sangrientas batallas, que a la postre, dejarían más de un millón de muertos, que, como un parto sumamente doloroso, se allanó el camino para forjar el México moderno que todavía tardaría algunas décadas más en llegar.

Quizá no le puse demasiada atención a Josaphat cuando me platicaba de su viaje a Aguascalientes y de su encuentro con otros caudillos y actores de la revolución, excepto cuando me reseñó su encuentro con Pancho Villa.

La personalidad de éste y, por supuesto, su fama hacían de él un centro de atracción.

SERIE PUEBLA 1928

Josaphat le hizo varias tomas, como siempre se hace en estos casos, para evitar una desgracia, de que por alguna razón no saliera una sola de ellas.

Cuando se tiene enfrente a un personaje que prácticamente es imposible tenerlo en otra oportunidad para el "clic", hay que aprovechar y hacer varias tomas.

Él no se expresaba bien en términos generales de los famosos caudillos. Casi todos tenían la aureola de matones y ambiciosos. Villa no era la excepción. Él menos que nadie.

Pero Villa era una figura y eso lo sabe un buen fotógrafo, porque además, esos hombres son protagónicos, les gusta ser temidos y hasta odiados.

Pero a pesar de su rudeza, se les desarma con una buena foto. Les encanta verse una y otra vez.

Eso fue lo que hizo Josaphat. Hizo simplemente lo que sabía hacer y Villa lo trató de la mejor manera que cualquiera pudiera esperar.

Su mirada penetrante y escrutadora, mucho lo impresionaron y ya no tuvo nunca duda de los alcances que tendría como guerrillero. "Era un hombre capaz de hacer cualquier cosa".

Un compañero y amigo fotógrafo de Aguascalientes le facilitó a Josaphat su laboratorio de procesamiento para hacer sus trabajos.

Cuando Villa recibió sus fotos, que eran varias docenas, quedó muy complacido y le dijo: "De verdad que es usted bueno para retratar"

Gracias, repuso Josaphat, agregando "pero es necesario para sacar buenas tomas tener personajes interesantes y que sepan que la buena disposición y paciencia también entran en juego". Entonces Villa ordenó de inmediato a uno de sus asistentes "ve que le paguen al artista por su trabajo".

Después de eso se despidieron deseándose mutuamente buena suerte.

Pasó uno o dos días y entre el gentío, otra vez se encontraron y Villa le preguntó a Josaphat "oiga artista ¿le pagaron todo correctamente?" "Sí, mi general, me pagaron muy bien". Muchas gracias, contestó Josaphat.

VAPOR PARTIENDO DE VERACRUZ.
RUTA LA HABANA-N. YORK

Ya nunca más lo volvió a ver más que en las noticias de los diarios.

Muchas décadas después, yo le pregunté a Josaphat acerca de esos negativos de la Convención, pues nos platicaba que eran muchísimos y que llevó a Puebla una caja muy grande, repleta, con esos vidrios - negativos que le costó un gran trabajo transportarlos.

El me contestó con lágrimas en los ojos: "se los comió mi madre durante la revolución", dando a entender, que con tantas penurias que pasó el pueblo de México en esa lucha fratricida, hubo gran escasez de alimentos y dinero, sobre todo alimentos, porque aún con dinero, no se conseguía comida y es evidente que la abuela paterna tuvo que entregar en trueque por algo que comer, uno a uno los negativos, hasta que ya no hubo más.

Sólo algunos conservó Josaphat, entre los que destaca el de Villa a caballo y tomando la rienda con la mano derecha, mencionando éste detalle porque es sabido desde tiempos ancestrales, los rancheros lo pueden constatar, de que es con la mano izquierda como se sostiene la rienda.

A este respecto les he preguntado a algunos historiadores si Villa era zurdo y me aseguran que era diestro.

Esto, porque la rienda se toma con la mano izquierda para dejar libre la derecha y tomar el fusil, la pistola o lo que sea, considerando que la mayoría de la población humana es diestra.

El dolor que sentía Josaphat con respecto a sus negativos perdidos pudiera deberse también a que precisamente en esa época él emigró a los Estados Unidos y aunque fue un magnífico hijo, entonces era sumamente difícil desde allá poder asistir a los familiares en México, con lo que le fue imposible asistir a los suyos y así evitar la pérdida de ese gran material.

Las facilidades que hoy en día encontramos para viajar o depositar fondos, no tienen punto de comparación, sobre todo tomando en cuenta que México estaba en estado de guerra.

Su viaje a Aguascalientes seguramente le trajo magníficos dividendos económicos, pues retrató a una gran cantidad de caudillos y militares de todos rangos, que, deseosos de figurar en el escenario nacional, eran dados a regalar sus fotos por doquier, como naipes.

ESTATUA DE LA LIBERTAD. N. YORK.

Todos ellos eran "caravaneados" en donde se les ocurriera aparecer. La gente es dada a rendirle pleitesía a los vencedores, o a los que lo parecen aunque sea momentáneamente por venir armados hasta los dientes o acompañados por grandes contingentes, aunque sean unos verdaderos criminales, como fue el caso de muchos revolucionarios.

Por eso, envalentonados y envanecidos no había quien rechazara una fotografía del "señor general" o "coronel", que muchas veces no podían ni autografiarlas al abyecto que se los solicitaba, simplemente porque no sabían leer ni escribir.

Me parece que esa fue la oportunidad de Josaphat para irse a los Estados Unidos, contar con un buen dinero para apoyar a los suyos y alcanzarle para emprender su largo viaje a Rochester, N.Y. a estudiar fotografía, superarse y desentenderse de un país que se desgarraba en una lucha sangrienta e inútil porque si las partes hubieran logrado acuerdos con voluntad política, sensatez y humildad, todo aquello pudiese haber evitado.

CAPITULO III

EL LARGO VIAJE

Hacer un viaje a los Estados Unidos a principios del siglo XX, era algo para tomarse en serio dadas las enormes dificultades que ello entrañaba, no solo por tratarse de viajar un buen trayecto dentro de un país en guerra, en donde solían atravesarse grupos de bandoleros o patrullas militares, que eran casi lo mismo y en donde prevalecía el criterio, obtuso las más de las veces, del jefe de grupo, generalmente analfabeto, que lo mismo robaban pertenencias, que fusilaban o asesinaban "en nombre de la revolución", palabra sacralizada hasta finales de ese mismo siglo, o sea, casi, casi ayer.

NUEVA YORK 1917

5th. AVE. NUEVA YORK

Para hacer posible el viaje desde Puebla, había que hacerlo por ferrocarril hasta Veracruz y embarcarse vía La Habana a Nueva York, que era en principio su destino y seguir a Rochester, la meca de la fotografía y las innovaciones increíbles.

Su objetivo fundamental era prepararse y estudiar fotografía y sistemas de alto nivel. Lo demás, o sea talento y entusiasmo por superarse, ya los tenía. Naturalmente que el dinero era imprescindible, sin embargo eso ya no era problema, toda vez que el caudal de trabajo que tuvo en la Convención le dejó muy buenas ganancias, de manera es que se daban las condiciones, como si unas a otras se fueran conjuntando y acomodando para cumplir su sueño de viajar a los Estados Unidos.

En medio de sentimientos encontrados, una vez que llegó al puerto de Veracruz, se sintió un poco más relajado. Parece increíble que en ésa época fuera necesario viajar con salvoconductos, dadas las facciones revolucionarias que andaban todos contra todos y hacían obligados aquellos documentos que de cualquier manera no garantizaban seguridad para nadie pues en ocasiones los trenes eran interceptados y abordados por los revolucionarios, hombres rudos, armados y lo peor, analfabetos en su mayoría, de aquellos que en tiempos de guerra no entienden razones y que no les tiembla la mano por disparar o colgar bajo cualquier pretexto o sospecha.

Después de su estadía en el bello puerto por algunos días, a la espera anhelada del gran buque que lo llevaría primero a La Habana en su ruta a Nueva York, se sintió más sosegado y tranquilo por haber pasado con bien el primer escollo que fue el trayecto ferroviario desde Puebla. Ya era ganancia estar frente al muelle por abordar el vapor que se le hacía que nunca llegaría. La fuerza y la confianza que le daban su juventud y sus preciadísimas monedas de oro y plata ganadas a pulso con su trabajo en Aguascalientes, con la suficiencia para llegar a tierras extrañas y asegurar la autonomía económica para sobrevivir algunos meses mientras encontrara algo para generar recursos y continuar con sus estudios, le proporcionaban una especie de felicidad combinada con optimismo, aunque claro es, le quedaba la tristeza de dejar la patria con nubes muy grises como anticipo de la tormenta que ya intuía.

ESTUDIO JOSAPHAT. ROCHESTER, N.Y. 1918

En esas condiciones, ya acomodado en su camarote, sintiendo la emoción que provoca un navío de tales dimensiones cuando empieza a moverse para zarpar, sabía que la moneda ya estaba en el aire y de ahí en adelante no quedaba otra que triunfar y poner en práctica un dicho muy socorrido por él durante toda su vida de que "el que es perico donde quiera es verde", lo que a través de su larga vida siempre demostró no sólo en el terreno profesional, sino como ser humano.

Unos cuantos días pasaron para ver el bellísimo escenario que regala La Habana al viajero que llega por mar. El Malecón en todo su esplendor parecía presumir a una nación próspera y en paz, enmarcada con el azul intenso de las aguas que bañan su litoral.

Los días que allí pasó a la espera de retomar la navegación en la etapa final hacia la ciudad de los rascacielos, francamente fueron una delicia. La música que por todos lados se escuchaba, capaz de alegrar los corazones de quienes visitan la bella y risueña ciudad, llegaban profundamente hasta el alma del fotógrafo mexicano, dándole más bríos aún para acometer su nueva aventura.

Muy pronto el navío salió del Golfo para entrar de lleno al Atlántico, sintiendo por momentos algunas náuseas, toda vez que había tramos en que la mar se agitaba, pero nada del otro mundo, sin embargo después de transcurridos unos días, se dio cuenta, horrorizado, que alguien entró a su camarote para robarle sus orgullosas monedas de oro y plata que eran la sustentación para hacer posibles sus sueños por tanto tiempo acariciados en su imaginación y muchos esfuerzos le costaron para llegar a ese punto.

Nadie pudo hacer algo por él, ni la tripulación ni los demás viajeros, como sucede frecuente y fatalmente, que nadie vio nada ni supo, ni algo que pudiera hacerse, de manera que no había de otra más que estudiar e idear lo que llamamos una salida de emergencia, una medida inesperada pero imprescindible para "agarrar al toro por los cuernos" y resolver lo que se venga y como se pueda.

ESTUDIO JOSAPHAT. ROCHESTER, N.Y. 1918

Optimista como lo fue, veía con resignación que afortunadamente no tocaron su ropa. Sus trajes nuevecitos que se mandó a hacer, lucían impecables, de manera que era ganancia que adonde fuera que se presentara, luciría como un hombre elegante, bien vestido y acicalado, un pasaporte para causar buena impresión. Nadie vería en él al típico desarrapado que de manera lastimosa pidiera algún trabajo. Alto, delgado y con modales de gente educada, sabía de antemano que abriría puertas. Otra cosa, guardaba como amuleto un billete de veinte dólares que sentía que además de traerle suerte, le serviría para sostenerse unos pocos días. Lo de la suerte en éste caso le falló, pero no estaba todo escrito aún.

De pronto, en medio de sus momentos de incertidumbre, vio aparecer la famosa Estatua de la Libertad, ya estaban en la Bahía de Nueva York, cuyos altísimos edificios ya se destacaban. En ese momento, echó fuera los malos pensamientos, excitado por la escena que se abría ante sus ojos, de tener a la vista a la famosa ciudad, el sueño de miles, tal vez millones de gentes que darían todo por conocerla.

Los puestos de control, sanitarios y de inmigración, comúnmente temidos por los que uno tiene que pasar al llegar a los Estados Unidos, los libró sin inconvenientes. Su actitud que denotaba seguridad le abrió las puertas de la gran nación, toda vez que aquél que se muestre indeciso, titubeante o mal vestido, es el "cliente" favorito por los guardias y agentes de migración para no aceptarlo, práctica muy usual allá en donde se le da mucha importancia al aspecto discrecional en la aplicación de las leyes.

Una vez desembarcado, se tomó un tiempo para pensar serenamente y no entrar de lleno al bullicio de la ciudad en que es tan impresionante la gran cantidad de gente y de ruidos extraños y estridentes que resultaba imposible ordenar la mente con algo de sensatez y de orden para tomar una decisión acertada ante el obligado y lamentable cambio de planes. Su desconocimiento del idioma, estaba subsanado con el proyecto original de viajar a Rochester sin detenerse en Nueva York e inscribirse paralelamente para tomar un curso de inglés y el de fotografía avanzada, pero ahora con sólo veinte dólares en el bolsillo, cambiaba el panorama diametralmente.

WASHINGTON SQUARE, NUEVA YORK 1918

Josaphat, un fotógrafo entre dos mundos

Durante su receso, pensando y observando el desfile de tantas gentes que se desplazaban en todas direcciones en la estación portuaria, logró trabar conversación con personas que hablaban español, posiblemente portorriqueños y dominicanos, los clásicos lobos de mar que se las saben de todas, todas, y que comúnmente deambulan por esos sitios, buscando trabajitos acá y allá de lo que caiga y que ése es su modus vivendi, tal y como sucede en todo el mundo.

Fue así que le dieron buenos consejos para orientarlo de que había hoteles de a dólar y medio por cuarto, sándwiches de diez centavos y desayunos y comidas muy baratas, con lo que su billetito de veinte dólares le permitiría al menos sobrevivir mientras encontrara algo para sostenerse. Nunca perdió la fe de que sus cursos se cancelaran por lo que le pasó. Sabía con seguridad, fiel reflejo de su carácter, que algo bueno encontraría.

Y así fue. Cerca del hotel en donde se alojó, prácticamente el mismo día en que lo hizo, al dar la vuelta a la esquina, halló un estudio fotográfico, y doble suerte, uno de los empleados al que aparentemente cayó bien, portorriqueño él, lo trató con amabilidad y le comentó que precisamente estaban necesitando a una persona que supiera de fotografía por lo que de inmediato lo presentó con el dueño del negocio y así fue contratado al momento.

El trabajo era lo de menos para él, ya que conociendo todo el proceso, lo realizaba con la destreza suficiente para convencer al dueño de que hizo una acertada contratación y encontrado a la persona adecuada para cubrir las necesidades del estudio que no siendo de altos vuelos, tenía muy buena y concurrida clientela. Nueva York, la ciudad de las oportunidades y de los negocios de todo tipo, con grandes empresas, centros educativos, universidades y oficinas de gobierno de todos niveles, requería para los aspectos administrativos, fotos de todos tipos del personal que se contrataba o inscribía, de manera que era un nicho de oportunidades de trabajo para los estudios fotográficos. En la actualidad se puede uno tomar fotos en tiendas departamentales, centros comerciales y hasta en farmacias, pero en aquella lejana época era en los estudios y nada más que en los estudios en donde se podía uno retratar.

AV- PENNSYLVANIA, WASHINGTON D.C. 1919

Desde el principio confesó Josaphat al dueño que su mira consistía en llegar a Rochester con el objetivo claro de superarse y aprender lo que no es suficiente en la práctica. Era necesario ir más allá y conocer el porqué de las cosas. Las reacciones químicas de las emulsiones de plata y su sensibilidad ante el efecto de la luz, la profundidad de campo, la valoración de la intensidad de la luz, con cifras exactas y la relación de las distancias con respecto a otros valores, el emplazamiento de los reflectores y su direccionalidad en el estudio, por sólo mencionar algo de lo que era imprescindible que supieran los fotógrafos de antes. Las modernas y maravillosas cámaras digitales, bien llamadas "inteligentes", actúan por nosotros, piensan por nosotros y finalmente nos entregan estupendas fotos.

Después de algunos meses, a casi un año de haber llegado, con los ahorros que resarcían lo que le robaron en el barco, llegó el momento de decir adiós a quienes le dieron esa gran oportunidad para continuar con sus planes de estudio en Rochester, de manera que todos conformes, un poco tristes por lo que significan las despedidas y a fin de cuentas quedaba una puerta abierta por si algo no saliera como estaba programado.

Rochester lo recibió de manera muy positiva. Previamente, desde Nueva York, lograba informes más cercanos a lo que él buscaba, desde dónde tomar sus cursos de inglés, que por cierto, ya se defendía bastante, dónde tomar sus cursos de fotografía avanzada y sistemas, vaya, hasta dónde alojarse.

Estando esa gran ciudad en una latitud más al norte, el frío según él, era insoportable. Claro es que todas las instalaciones están fuertemente preparadas para esos climas. Talleres, hoteles, casas, centros de enseñanza, todos absolutamente están preservados de ese frío tan extremo, pero las salidas, decía Josaphat eran tremendas no obstante de estar bien abrigado. Nosotros de chicos nos quedábamos con la boca abierta cuando nos platicaba que un cubo de agua lanzado desde gran altura en uno de esos días extremos, caía al suelo prácticamente hecho hielo.

Poco tiempo después, lo que pudiera verse como una osadía o audacia extrema, decidió instalar su propio estudio en la ciudad conocida como la Meca de la fotografía y le fue muy bien. La Revolución Mexicana había llamado mucho la atención en los Estados Unidos. Su traspatio andaba alborotado y las balas llegaron a cruzar la línea divisoria en una que otra escaramuza entre las diferentes facciones en pugna. Veían a Villa, Obregón,

WASHINGTON D.C. 1919

Zapata y Carranza entre muchos otros, con gran curiosidad, pintoresco el escenario, pero al fin, visto con una enorme curiosidad.

Tuvo desde su salida de México, la atinada decisión de llevar consigo fotografías que él mismo les tomó a esos revolucionarios, mismas que colocó en el escaparate de su estudio. Su clientela veía en esos retratos a personajes ya conocidos. Los veían como guerrilleros legendarios y claro es que llamaba la atención lo folclórico de sus grandes sombreros, las carrilleras, los bigotes, todo era una sensación para los americanos que como clientes lo visitaban y aún más, el saber que hablaron con el mismo fotógrafo que los retrató y que los tuvo tan cerca hasta platicar con ellos de temas políticos y de la propia revolución.

La clientela pronto subió en el estudio, de manera que al fin tuvo lo que es la ilusión de todo aquel que llega a algún lugar con ganas de trabajar y prosperar. Sus buenos modales, además de su estilo elegante en el vestir, por supuesto que le abrieron las puertas donde quiera que él se presentara. Siempre nos advirtió "como te ven, te tratan".

Era sumamente delgado de joven y siempre tuvo una recia personalidad, por su seguridad y don de mando.

En su trabajo nunca lo vimos titubear y su trato magistral con las personas, lo mismo niños exasperantes, que viejos secos, incapaces de expresar que cuando menos alguna vez en su vida sonrieron por algo, fueron capaces de hacerlo turbar. No al menos delante de la gente.

Sus ocurrencias, su imaginación, de pronto hacían aflojar esos rostros, de los cuales brotaba súbitamente la expresión esperada, el gesto de serenidad y en los niños la carcajada maravillosa, que quedarían plasmadas para siempre en la placa.

Nos decía que para obtener una buena fotografía, además de otros importantes factores como el juego de luces, fondo y planos, no era necesario un rostro bonito.

Me aconsejaba: "Todas las personas tienen su ángulo interesante. Aunque sean feos. Hay que buscar ese ángulo, esa expresión y tendrás una buena foto"

GRUPO DE BAÑISTAS. CONEY ISLAND, NUEVA YORK. 1920.

CAPITOLIO, WASHINGTON, DC.

"Nunca se te ocurra colocar tu reflector de frente solamente porque obtendrás un rostro sin relieves, sin detalles, con la cara "aplastada".

"Dale juego a los laterales hasta que encuentres ése ángulo que te digo y si provocas esa expresión relajada, natural, ya lo lograste".

Su pequeño estudio que dejó funcionando en Puebla, era manejado por un pariente, pero es muy comprensible que eso no significaba una gran ventaja cuando el país vivía una permanente inestabilidad política y un verdadero desastre económico.

Victoriano Huerta ya había salido de México, pero poco antes, surgió una situación sumamente tensa cuando Woodrow Wilson hizo desembarcar en Veracruz a sus marines.

En apariencia, esta intervención americana favorecía a Carranza y a la vez, bloquearía a Huerta, pero eso no le quitaba la esencia de una intromisión de una potencia extranjera en los asuntos de México, aspecto en que somos particularmente sensibles los mexicanos.

Tenemos todavía a flor de piel el trauma psicológico derivado de la pérdida de la mitad de nuestro territorio, precisamente a manos de los Estados Unidos, poco después de que ya nos habíamos independizado de España.

Carranza exige el retiro de las tropas americanas y declina los buenos oficios de Argentina, Chile y Brasil como mediadores en el conflicto porque implicaban una intervención más en los asuntos internos de México.

Los marines tuvieron que evacuar y Wilson decide dar una clase de política y moral a Carranza, exigiéndole respetar vidas y acuerdos financieros, amenazándole de que Estados Unidos actuaría como representante de otras potencias, con lo que su opinión sería decisiva en los reconocimientos diplomáticos.

Acertadamente Isidro Fabela, el gran internacionalista mexicano, encargado de la política exterior y de la diplomacia, sin mencionar las advertencias de Wilson, refrenda unilateralmente el respeto a los derechos y compromisos del país y concluye tajantemente que los hechos por venir, se

ANITA, SERIE WASHINGTON, 1917.

decidirán de acuerdo con los mejores criterios de justicia y de nuestro interés nacional.

El secretario de estado Bryan, más radical que Wilson, amenaza con no reconocer al gobierno de Carranza, quien ni siquiera se molesta en contestar.

Para Woodrow Wilson, Carranza fue siempre una caja de sorpresas, un incomprensible saco de mañas e insensible a las buenas intenciones.

Y para Carranza, la premisa era muy simple: así ocupe la Casa Blanca un apóstol bíblico, nada bueno puede esperar México de Estados Unidos.

Ya lo decía Porfirio Díaz en París "el peligro está en el yanqui que nos acecha", confirmando su visión acerca de nuestros vecinos "pobre México tan lejos de Dios y tan cerca de los Estados Unidos".

¿Y cómo olvidar el siniestro papel del embajador Henry Lane Wilson en el martirio y asesinato de los Madero?

Después de la retirada incondicional de las fuerzas de ocupación, Carranza establece su gobierno en Veracruz hasta Octubre de 1915 y, por fin, Estados Unidos lo reconoce diplomáticamente.

El rudo ranchero de Coahuila se salió con la suya y el moralista y filósofo de Princeton tuvo que ceder, no obstante su evidente antipatía por Carranza.

El mundo aplaudió la gallardía con que el primer jefe constitucionalista mexicano expuso sus argumentos del derecho internacional, que harían ver muy mal a quien intentara avasallarlos.

Los cambios del artículo 27 de la Constitución Mexicana que promovió Carranza, relativos al subsuelo, que significaban la propiedad de la nación, en detrimento de los intereses de los inversionistas americanos y también de sus intereses militares, eran vistos por el senado de los Estados Unidos como justificación clarísima para la ocupación de su incómodo vecino del sur.

Los Estados Unidos requerían servirse con "la cuchara grande" de los enormes yacimientos petroleros mexicanos de manera libre y expedita, ya inmersos ellos en la primera guerra mundial, lo que parecía inminente.

SERIE NUEVA YORK. MARY PICKFORD, 1918

No obstante, el carácter conciliador de Wilson, evitó el uso de su fuerza militar contra México, pero las relaciones entre ambos países ya de por sí ásperas, estuvieron sumamente tensas y al borde de entrar en hechos de guerra.

Para agravar más la situación, Alemania, principal protagonista de la primera guerra, coqueteándole a Carranza, le envía un mensaje, que a oídos de cualquier otro mexicano, hubiera sonado a "canto de sirenas".

Ese fue el famoso telegrama Zimmermann.

"Tenemos intenciones de comenzar la guerra submarina ilimitada el 1º de Febrero. Con todo, se intentará mantener neutral a Estados Unidos. En caso de que no lo lográramos, proponemos a México una alianza bajo la siguiente base: Dirección conjunta de la guerra, tratado de paz en común, abundante apoyo financiero y conformidad de nuestra parte en que México reconquiste sus antiguos territorios en Texas, Nuevo México y Arizona. Dejamos a su excelencia el arreglo de los detalles".

"Su excelencia comunicará lo anterior en forma absolutamente secreta al presidente tan pronto como estalle la guerra con Estados Unidos, añadiendo la sugerencia de que invite al Japón a que entre de inmediato en la alianza, y al mismo tiempo sirva de intermediario entre nosotros y el Japón".

"Tenga la bondad de informar al presidente que el empleo ilimitado de nuestros submarinos ofrece ahora la posibilidad de obligar a Inglaterra a negociar la paz en pocos meses. Acuse de recibo".

"ZIMMERMANN".

Aunque el contenido de este telegrama ya había sido descifrado previamente por el Servicio Británico de Inteligencia, de ninguna manera Carranza se hubiera tragado el anzuelo que pretendía involucrar a México en una guerra absurda y menos, teniendo como enemigo a su propio vecino.

De cualquier manera, la táctica de Carranza de darle "entrada" a los alemanes y hasta "coquetear" con ellos, era válida y es una forma de equilibrio de fuerzas con el fin de hacerle ver a los Estados Unidos de que militarmente podría arrasar a México, pero a la vez, México, esgrimiendo los valores del Derecho Internacional y simplemente los principios de justicia, haría ver muy

SERIE NUEVA YORK

mal a los Estados Unidos, ya que, su población multinacional, no necesariamente apoyaría una acción militar sin justificación moral.

Para entender un poco la exacerbación de ánimos en algunas esferas de los Estados Unidos, hay que escuchar la insolencia y estupidez con que a finales de 1916, el delegado diplomático norteamericano se expresó en torno a las negociaciones, discusiones y diálogos que se mantenían entre ambos países: "Los mexicanos hablan como si su país estuviera completamente hecho, y fuera un estado soberano altamente desarrollado, tratando en un plan de igualdad con las naciones de la Tierra", algo así como si México, según el gringo, torpe diplomático, no mereciera ser considerado "nación de la Tierra".

Carranza respondió con mucha clase con su tesis de que "todos los países son iguales, deben respetar mutua y escrupulosamente sus instituciones, sus leyes y su soberanía; que las legislaciones deben ser uniformes e iguales en lo posible, sin establecer distinciones por causa de nacionalidad, excepto en lo referente al ejercicio de la soberanía".

Esta lección de ética política, producto de una atinada asesoría que tuvo Carranza en materia de relaciones exteriores y diplomacia, la de Isidro Fabela, prestigiado y reconocido por su talento, además de conocedor de los intrincados caminos de la política exterior, hizo quedar muy mal a ese diplomático y a casi un siglo de estos hechos, nos queda claro que estas respuestas, de alguna manera maniataron a los Estados unidos, que sin chistar pudo atropellarnos militarmente, pero el baño descomunal de sangre que seguramente sobrevendría, ante la óptica internacional, lo hicieron pensar dos veces y, en esta segunda reflexión, dijeron, no.

Como sucede en las naciones, Josaphat siempre esgrimía esos principios, trasladados claro es, a las personas.

Nos insistía a los seis hermanos que éramos nosotros, desde pequeños, y a cada quien en su oportunidad, que fuéramos independientes, que estudiáramos y que procuráramos tener nuestro negocio propio. Nunca acepten que alguien les ponga el pie en el pescuezo, diría frecuentemente.

Además, sean eficientes en lo que se dediquen, así fueran zapateros, carpinteros o profesionales, que ustedes sean los mejores. Procuren ser

SERIE NUEVA YORK

personas de alta jerarquía moral en sus comunidades, traten con decencia y respeto a los demás.

Así, ni un rico o un poderoso podrá con ustedes si sus argumentos son claros y justos y que además, tengan una reputación intachable.

Durante toda su vida fue respetado por todos los que lo conocieron. Muchos años después, caminando con Rosario, su esposa y madre nuestra, después del cierre de horario del mediodía del estudio, en plena Av. Reforma de la ciudad de Puebla, coincidentemente circulaba por la misma avenida la comitiva presidencial del Lic. Gustavo Díaz Ordaz, que al ver a mis padres, ordenó al chofer detener el auto inmediatamente, con el excesivo despliegue de ese tipo de comitivas, guaruras, asistentes y policías.

El presidente de México descendió tranquilamente de su automóvil y se dirigió con amabilidad a mis padres. Respetuosamente besó la mano de Rosario y abrazó a Josaphat. Intercambiaron unas palabras y se despidió.

Con toda seguridad el presidente recordaba que precisamente él fue el que lo retrató toda su vida, desde que hizo su primera comunión, pasando por los días en que se tituló como abogado y cuando se casó.

No sé si lo retrató ya de presidente, pero de lo que estoy seguro es que don Gustavo y su familia siempre fueron tratados con respeto y cariño por mis padres.

De ahí la deferencia presidencial.

Volviendo nuevamente al estudio fotográfico de Rochester, a Josaphat, como decía, le dio buen resultado el colocar fotos de algunos caudillos de la revolución en su salita de exhibición de fotografías, como Villa, Carranza y Álvaro Obregón, entre otros.

En general a los americanos a través de la historia, México les ha importado muy poco, excepto en situaciones como la que por entonces se vivía.

Sabían que el gallinero estaba alborotado en su traspatio y hasta uno de sus principales caudillos, Villa, en un acto irracional, había tenido la osadía de atacar un pueblecito de Nuevo México, Columbus, y eso sí que era noticia.

SERIE NUEVA YORK

Por primera vez alguien incursionaba con armas desde el extranjero para atacar un objetivo dentro de Estados Unidos.

Independientemente de la indignación que esto provocaba en el pueblo americano, hizo que las miradas voltearan hacia el sur y los actores de los conflictos revolucionarios empezaron a conocerse, así que las fotos de algunos de ellos, colgadas para exhibición en el estudio, evidentemente llamaron la atención y fueron el tema central de comentarios y de preguntas.

La calidad indiscutible como fotógrafo, tuvo en esa mezcla de morbo y curiosidad, un gran aliado para que se diera a conocer en las mismísimas entrañas del mundo de la fotografía.

Tan fue así, que muy pronto recibió una propuesta de Clinedinst Studios, un poderoso consorcio que agrupaba a 38 estudios fotográficos emplazados en las principales ciudades del noreste y que dominaban el escenario de la fotografía en la porción más rica de los Estados Unidos.

La propuesta iba en el sentido de trabajar en la ciudad de Washington, algo que lo motivó grandemente. El ser tomado en cuenta por uno de los consorcios fotográficos más importantes y exclusivos de los Estados Unidos no era poca cosa tomando en cuenta el poco tiempo que tenía de vivir en aquel país. Sabiendo lo que significaba esa gratísima invitación, aceptó sin titubear y en poco tiempo ya estaba instalado en la ciudad capital.

Aquella etapa fue para él una nueva y grata experiencia.

La de Rochester, además del aprendizaje del idioma y la fotografía, significó también la experiencia para tratar a una sociedad diferente a la que conocía, más exigente y más escrupulosa. Ello se tradujo en una acertada capacitación para lo que sobrevendría en su aventura americana, llena de retos y satisfacciones.

La etapa de Washington lo llevó al delicado ambiente de la diplomacia y la política del primer nivel. Por su cámara desfilaron embajadores y sus familias así como políticos, de aquellos que como históricamente se les conoce, han cambiado el curso de la historia de innumerables países en todos los continentes, aquellos que saben y deciden si convienen para su país intervenciones y guerras. La experiencia que adquirió fue determinante para ser absolutamente reconocido en el ambiente profesional como excelente

SERIE WASHINGTON DC.

fotógrafo nada menos que en un país en que se requiere no sólo talento y capacidad para triunfar. Indiscutiblemente su grata y vigorosa personalidad se conjuntaron para lograr su objetivo.

Quedaba pues, en virtud de la rápida fama y prestigio adquiridos, la posibilidad de hacerse cargo de uno de los estudios en la ciudad de Nueva York, ni más ni menos que el de la Quinta Avenida, por donde desfilaban actores, políticos, financieros y en general, los más connotados personajes del país.

Sabía lo que significaba esa importante invitación, aceptó de inmediato y en poco tiempo ya estaba instalado en la gran ciudad.

Nueva York siempre ha tenido un gran significado para todo el mundo. Ahí se teje la enorme, inimaginable red de operaciones financieras que mueve para bien o para mal las economías del orbe. Ahí se deciden las cotizaciones de los productos más variados, que significan la prosperidad o la miseria de miles de millones de gentes en el globo llamado Tierra.

Ciudad de vanguardia y esperanza de millones de inmigrantes, que salieron de sus países y regiones entre el hambre, la miseria, las guerras y revoluciones; Nueva York conlleva con su solo nombre, el concepto de la prosperidad y la ilusión.

Ciudad de la competencia encarnizada y despiadada, pero también del desafío que sólo aceptan los más hábiles.

Si Rochester y Washington lo habían impresionado, no existían palabras ahora para describir sus nuevas sensaciones, fundamentalmente por su triunfo profesional, por ser reconocido en un ambiente de tanta exigencia.

Un medio que sólo acepta la excelencia y pulcritud en el trabajo; esencialmente ese tipo de trabajo, que a veces es ingrato. No quiero recordar a las feas que quieren verse como princesas en las fotografías.

Pero hay algo que no he mencionado y que es muy importante: El ser reconocido a pesar de ser mexicano.

WOODROW WILSON. PRESIDENTE DE LOS ESTADOS UNIDOS DE AMÉRICA 1913-1921. WASHINGTON, 1917

Los mexicanos – Josaphat entre ellos – somos muy orgullosos de nuestras raíces, de nuestro carácter y generosidad, de nuestra mexicanidad pues, que conlleva mucho más que eso.

En esa época en Estados Unidos estaba mucho más acentuada la discriminación racial y la mejor tarjeta de presentación, era tener el pelo rubio y los ojos azules, aunque fuera uno un imbécil.

Además, las tensas, ásperas relaciones con México, acentuaban ese desprecio que ya conocemos de ellos hacia nosotros, a través de nuestra común historia.

Desde esa óptica, no pudo escoger el peor momento para incursionar en esa difícil, pero a pesar de todo, espléndida aventura americana.

En primer lugar, los americanos no nos bajaban de "greasers" y ahora con los conflictos diplomáticos y con la incursión de Villa a Columbus, ¡Oh Dios!

No obstante, a pesar de tener esos factores en contra, las cosas iban saliendo mucho mejor de lo que se podía pronosticar. La clientela del estudio ni siquiera reparó en esos detalles. Simplemente querían buenas fotos.

Pronto empezaron a desfilar los prominentes frente a su cámara. Una de ellas fue una espléndida belleza: Miss Manhattan.

Poco después posó ni más ni menos que Mary Pickford, la famosa actriz de cine mudo, la máxima luminaria de la época, algunos la bautizaron como "La novia de América". Y así, se acrecentó más el prestigio de Josaphat, que provocó que más y más políticos y financieros acudieran con él.

Las cosas para el fotógrafo de Puebla, no podían ir mejor. Pronto lo bautizaron en el medio de la fotografía profesional como "el mago de la luz" por su destreza y yo diría hasta intuición en el emplazamiento de los reflectores y jugar con toda naturalidad con las luces y las sombras. Con los claroscuros.

Yo le doy mucho crédito al reconocimiento de propios y extraños porque quiero saber de una profesión o actividad artística, como la fotografía,

SERIE NUEVA YORK

en donde no haya envidias y recelos, principalmente por ser un extranjero "que viene del sur".

CAPITULO IV

LA GRAN OPORTUNIDAD

Un día de Septiembre de 1918, normal como otros, Josaphat fue llamado a la oficina de una gran amiga, Anita, de las tantas que cultivó, sumamente influyente ella y con grandes conexiones en el ambiente de la política y el arte. De aquellas personas que se codean con la "realeza" y tienen acceso con las más altas personalidades del poder, muy posiblemente por una relación de amistad familiar de años.

Ella había posado para su cámara en diversas ocasiones. Indiscutiblemente debe haber salido en las fotos como muñeca, además de que sí lo era, guapa, joven y rica, estupendas cartas de presentación para abrirse paso en los medios más herméticos. Las recomendaciones que habría hecho con otras amistades para acudir con él para posar en algunas sesiones fotográficas, resultaron un éxito, de manera que además de la amistad que había prosperado gracias a la calidad de las fotos en general y de los trabajos que solía entregar, podía considerarse una admiradora de su arte pero también de su personalidad.

De pronto, cuando se hablaba de otras cosas, lo que pasaba en México y el tema obligado de la revolución, cuyas noticias traspasaban fronteras, sobre todo la del Río Bravo, a bocajarro, le preguntó "¿Te gustaría tener una sesión fotográfica, exclusivamente tuya, con el presidente Wilson?"

El exquisito café que saboreaba en la tranquilidad de la lujosa oficina en que se encontraban, casi hizo que se le atragantara el sorbo que le daba. "¿Qué? ¿Te refieres al presidente Woodrow Wilson, presidente de los Estados Unidos? o es una broma."

SERIE NUEVA YORK

"Al mismísimo Woodrow, ya hablé con él acerca de ti y por cierto le causó gran curiosidad que un fotógrafo mexicano anduviera por éstas latitudes y que hayas estado muy cerca de los revolucionarios, tan cerca que hasta los retrataste"

"Él, percibo que está interesado por la situación en México. Le llama mucho la atención Pancho Villa, Carranza y otros más, tú los conoces mejor, hasta has de saber sus nombres, pero también le platiqué de tus fotos, de plano lo dejé intrigado y me dijo que acepta gustoso que lo retrates"

"Por supuesto que me encantaría esa sesión. Creo que es algo que todos los fotógrafos quisieran tener éste privilegio porque significa algo así como un gran triunfo en su carrera. Una verdadera presea de clase mundial que no es tan fácil conseguir, excepto de contar con una amistad con alguien con las increíbles relaciones que tienes y que además me recomiendes", pensando rápidamente para sí, la obligada separación que debía haber entre la política, su arte y la oportunidad que se le presentaba.

"Ten la seguridad, Josaphat de que lo hago, agregó Anita, indiscutiblemente por tu amistad pero de igual forma por la confianza en la calidad de tus trabajos, que con seguridad le van a gustar al presidente"

Sin embargo, todo le daba vueltas en aquellos momentos. Los fotógrafos saben perfectamente lo que significa cuando un personaje de primerísimo nivel posa para ellos.

No se trata de traer una portátil y estar a la "caza de la presa" al estilo paparazzi.

Se trata de que el personaje, conscientemente acepte que el fotógrafo maneje la situación, cambiando de ángulo, y posición, buscando la expresión y tenerle la paciencia para que realice su trabajo, factor que frecuentemente es causa de que el fotógrafo se ponga nervioso y la sesión sea un fracaso.

Él no daba crédito que hubiera llegado a los Estados Unidos en 1915, apenas tres años atrás y ya podía decir que con eso era su reconocimiento indiscutible.

Su futuro profesional estaba asegurado en los Estados Unidos, pensaba. Llegó por fin una oportunidad inesperada que no estaba entre sus posibilidades.

SERIE NUEVA YORK

"Casi, casi no lo creo de no ser la confianza y aprecio que te tengo, que veo es correspondido por semejante deferencia" le respondió.

"Para que despiertes de lo que crees un sueño, te diré que ya tengo avanzado el proyecto que sabía te iba a encantar. Se trata de afinar algunos detalles de agenda, ya sabes lo complicados que suelen ser cuando se trata de presidentes de una nación importante", respondió Anita sonriendo.

"Creo que será cosa de un par de días, de manera que sirva esto para que estés preparado. En cuanto tenga yo noticias y la confirmación del día y hora, te lo he de comunicar. Tú no te preocupes por el traslado de tu equipo, un automóvil con asistentes pasará por ti", terminó diciendo. Un fuerte apretón de manos con su respectivo abrazo de despedida y lo acompañó a la puerta de la oficina.

Por fin llegó, efectivamente en dos días el comunicado en el sentido de la gran cita, dando fecha y hora en que habrían de pasar por él. Con tantas cámaras y equipo tan pesado y estorboso de la época, parecía más bien el bagaje de un cazador saliendo al África.

Una parvada de agentes especiales lo rodeó. ¿Sr. Josaphat Martínez? "a la orden", respondió.

"Haga el favor de acompañarme" dijo el jefe, mientras sus asistentes llevaban el equipo a otro automóvil.

Al llegar a la Casa Blanca, sentía que se le iba la respiración. Estaba sumamente emocionado. ¡Qué manera de conocer la famosa residencia presidencial!

Una vez adentro, lo hicieron llegar a uno de los múltiples salones de la magnífica y elegante construcción.

"¿Le parece bien este salón, Sr. Martínez? El Sr. Presidente lo ha escogido personalmente".

"Me parece inmejorable" respondió.

SERIE NUEVA YORK

"¿Será suficiente una hora para que usted haga los arreglos de cámaras y reflectores, Sr. Martínez? Cuente usted con los asistentes que crea necesarios".

"Sí, claro. Una hora me parece suficiente".

Los contactos eléctricos están muy bien distribuidos para las tomas de los reflectores. Gracias por las facilidades. Aquí espero al Sr. Presidente.

Así dio inicio de inmediato a los arreglos del escenario. Estos reflectores por aquí y aquellos a la derecha. Uno más en la parte posterior. A cerrar esas cortinas que están filtrando esa luz indeseable y tener listas las de la izquierda para obtener el ángulo de la luz que me hará falta. Por si acaso.

Poco a poco se iba serenando, decidido, como era su forma habitual, de "agarrar al toro por los cuernos" y tratar al Sr. Wilson como a cualquier otro mortal, haciendo lo que bien sabía hacer: fotografiar.

Después de todo, ya tenía "callo" en eso de retratar gente importante de ambos lados del Río Bravo, pero como se quiera, éste peldaño en su vida profesional se cocinaba aparte.

Muy importante, los "chassises", verificar que estén correctamente acomodados y cargados. Todos con formatos de 5 por 7, en vidrio, por supuesto.

Sería "mortal por necesidad" una equivocación en tales circunstancias. Un estúpido olvido por confiarse demasiado, ha sido la sepultura profesional de muchos.

Sabía que los ojos de gente muy importante estarían sobre él, sobre todo por las condiciones que guardaban las relaciones bilaterales México - Estados Unidos y todo lo que olía a mexicano, era despreciado. Había que demostrar que los mexicanos eficientes son tan competitivos como los mejores del mundo.

Entre esos pensamientos, realizaba los preparativos y afinaba los últimos detalles, terminándolos muy a tiempo, para recibir él y su enorme cámara, a tan ilustre personaje.

SERIE NUEVA YORK

Por fin se abrió la puerta del salón y apareció puntualmente un grupo de agentes federales flanqueando al presidente Wilson.

Alto, robusto pero delgado, impecablemente vestido con traje negro y chaleco, hacían que la corbata blanca con un fistol de brillante, contrastara elegantemente.

En esa fracción de tiempo que transcurrió desde que apareció Wilson hasta que intercambiaron las primeras palabras, con toda seguridad, ambos ya se habían "fotografiado" mutuamente.

Él adivinó que iba a sacar muy buenas fotos. Su intuición de fotógrafo le decía que el conjunto de elementos que se le presentaban a la vista, eran muy favorables para lograrlas.

Por su parte, Wilson seguramente no esperaba ver a un mexicano en una sesión especial, posando para el fotógrafo una semanas antes.

"Bienvenido Sr. Presidente, Josaphat Martínez, para servirle. Encantado de conocerlo. Estoy a sus órdenes".

"Me han hablado muy bien de usted. Dicen que es muy buen fotógrafo", replicó Wilson.

"Gracias, Sr. Presidente, espero poder complacerlo".

"¿De dónde es usted?" Preguntó.

"De México señor, oriundo de la ciudad de Puebla"..

"¿Y qué anda haciendo tan lejos de su país?".

"Lo que usted ve, señor, dedicándome a la fotografía. Estoy en el estudio Clinedinst de la Quinta Avenida. Ya tengo tres años en los Estados Unidos y me han conferido el honor de hacerle unas tomas".

"Un progreso muy rápido ¿No cree usted?", agregó el presidente.

"Eso creo, señor Wilson".

SERIE NUEVA YORK

"¿Cómo van las cosas en su país, Sr. Martínez?".

"Mal, señor, muy mal. Por eso salí de México, decidí superarme y hacer lo que me gusta, que es esto. No nací para las guerras".

Terminando este diálogo que habría durado tres o cuatro minutos y que Josaphat lo recordaba "fotográficamente hablando", iniciaron la sesión de tomas, mucho más relajado por la sencillez con que lo trató el presidente.

Siempre recordaría que Wilson se veía extremadamente serio, pero su voz y ademanes suaves, le restaban la gravedad y rigidez que aparentaba.

Intrigado Wilson, entre toma y toma, mantuvo la conversación con el fotógrafo.

Le preguntó por Carranza, con quien nunca simpatizó y se mostró notablemente interesado cuando le dijo que lo había fotografiado con los hermanos Serdán en Puebla, a pocos días del asesinato de Aquiles, el primer revolucionario y primer muerto del movimiento propiamente dicho.

Asimismo le preguntó por Villa, con quien el propio Wilson simpatizaba al inicio de la lucha y que muchos en Estados Unidos lo consideraban como presidenciable.

Por supuesto que después de lo de Columbus, Nuevo México, el guerrillero mexicano fue odiado aunque también admirado por su arrojo.

"A Villa también lo retraté. Fue en la Convención de Aguascalientes", le respondió.

"¿Y qué me dice de Obregón, lo conoció usted?", preguntó Wilson.

"Sí señor, también lo retraté, un hombre muy inteligente, astuto como un zorro"

"Entonces usted conoce a muchos revolucionarios", dijo Wilson.

"Así es, a casi todos los fotografié ", contestó.

SERIE NUEVA YORK

"Ahora me explico el rápido ascenso en su profesión. Usted tiene una gran experiencia. Ya veo por qué me lo recomendaron".

"Gracias señor, pero me faltaba la experiencia de acá y usted me dio esa oportunidad. Estoy muy satisfecho y agradecido con su magnífica disposición para esta sesión. Y su trato. Fue muy generoso conmigo. Para sacar buenas fotos es imprescindible la absoluta colaboración del personaje", contestó Josaphat.

"Espero que tenga mucho éxito como fotógrafo en mi país. Le auguro un brillante futuro, yo también le doy las gracias y aquí aguardaremos por las fotografías que estoy seguro saldrán bien".

Dicho esto, la sesión terminó, se despidieron de mano, abrieron la puerta y otra vez, acompañado por sus asistentes y agentes, el presidente abandonó el salón y se perdieron por los pasillos de la gran mansión.

El haber terminado con ese importante compromiso, exitosamente, le proporcionó un descanso placentero y una mayor claridad en sus pensamientos.

Ahora podía asimilar con mayor lucidez y profundidad que había transcurrido muy poco tiempo, relativamente, de haber estado muy cerca, hasta el punto de tocarlos y hablarles a aquellos rudos hombres que luchaban ferozmente, en batallas a muerte en donde ya se contaban por cientos de miles los mexicanos muertos, por sus ideales, o sus intereses de grupo, daba lo mismo, lo que contaba eran los muertos y el desasosiego que provocaban en el país.

Pensaba en la importancia de ese movimiento armado que puso en jaque a todo el país y en guardia a los Estados Unidos, al grado de estar al punto de declararnos la guerra y ahora sí, engullir de una vez por todas, los codiciados territorios de siempre, o sólo Dios sabe qué imposiciones pudo traer esto contra la patria.

El enojo de los americanos por el ataque de Villa contra Columbus y el fracaso del general John Pershing, el legendario militar de carrera, en su

SERIE ROCHESTER, 1917.

traumática expedición punitiva para saldar cuentas con Villa, que más que huir, parecería querer jugar y burlarse de los expedicionarios perseguidores.

Y ahora, colocado al otro lado de esa tensa situación y haber estado tan cerca y hasta platicar serenamente, civilizadamente con el otro gran actor del embarazoso episodio binacional, ni más ni menos que el presidente del país más rico, más poderoso de las naciones.

Su alegría fue mayor al momento del proceso en el laboratorio porque las fotos salieron muy bien, lo que provocó las felicitaciones de todos sus compañeros y amigos.

Al poco tiempo, aparecía en la cartelera del estudio, la foto presidencial con la firma de Josaphat, lo que consolidó su prestigio en un tiempo brevísimo.

Había triunfado en su especialidad en la gran urbe.

De aquí en adelante, nada parecía detener su ascenso como uno de los mejores fotógrafos de los Estados Unidos, pero ya con el reconocimiento de propios y extraños, que lo habían bautizado como "el mago de la luz".

Así fue en el terreno profesional en que desfilaron frente a sus cámaras los más importantes y exigentes personajes.

Sin embargo, en su vida personal, se abría una herida muy profunda.

Su esposa Aurora, la primera que tuvo, antes de Rosario, ya tenía algunas molestias respiratorias, se fue agravando, diagnosticándose la temible tuberculosis.

La tuberculosis, una enfermedad infecciosa, altamente contagiosa, quizá haya acompañado al hombre desde que es hombre.

Sí, la misma enfermedad que desde tiempos inmemoriales había perseguido a todas las civilizaciones, desde los faraones egipcios, para ser exactos, y sin poder todavía hacer nada para curarla, aparecía nuevamente y con gran virulencia.

SERIE NUEVA YORK

Como sucedió con el Tifo en 1905, en que hubo brotes muy severos en México y Estados Unidos, la tuberculosis se presentó violentamente de manera recurrente en el siglo XIX y hacía nuevamente su cruda aparición en el siglo XX, en prácticamente todo el mundo. Nomás hay que recordar la gran cantidad de músicos, literatos, dramaturgos y otros famosos hombres y mujeres, que precisamente por ser notorios, nos enteramos que murieron por su causa.

Apenas en 1882, Roberto Koch logró aislar el agente causal, una bacteria denominada Mycobacterium tuberculosis o bacilo de Koch, y aunque ya se sabía desde finales del siglo XIX cómo se transmitía y ya se podía diagnosticar, no se conocían tratamientos terapéuticos ni la manera de prevenirla.

Así que la tos persistente de Aurora, y su desmejoramiento paulatino, empezaron a desembocar en el cuadro característico y por ende, al temible diagnóstico.

Nada se podía hacer para curarlos, o mejor dicho, se hiciera lo que se hiciera, nada cambiaría su mortal curso.

Así que, dramáticamente, no quedaba de otra más que prodigarle cuidados al enfermo, como sigue haciéndose con algunas enfermedades terminales, darle de comer, bañarlo, evitarle esfuerzos y todo aquello que pudiera exaltarle la tos y expectoraciones, lavar sus utensilios y ropas con el consiguiente riesgo del contagio.

El diagnóstico ya estaba hecho y la enferma, aunque todavía se sentía fuerte, pues apenas comenzaba el proceso, sabía, y Josaphat también, que era urgente tomar una decisión.

En Nueva York todo mundo tenía prisa y no se podía esperar que hubiese gran ayuda, fundamentalmente para cuidar a sus dos hijas, aún niñas.

Aurora se sentía sola y le hacían falta los apoyos de su familia. En México es sumamente común que las familias se solidaricen y ayuden en estos casos. Eso no lo podría encontrar en Nueva York.

SERIE NUEVA YORK

Así las cosas, decidieron ambos que Aurora y las niñas regresaran a Puebla, también con la esperanza de que un cambio de clima y hasta un tratamiento de herbolaria o algo así, ayudara un poco con su penosa enfermedad.

El retorno a México fue penoso por la gran distancia e incomodidades, pero al fin llegaron bien. Sin embargo, la enfermedad que rara vez perdona, siguió su inexorable curso y acabó con la vida de Aurora.

Él estuvo informado a través de cables que recibía, dándose mutuamente noticias de aquí y de allá, hasta que le llegó el funesto mensaje, en que, como es lógico, era imposible e innecesario movilizarse.

Le quedó el consuelo de haber consultado a los mejores médicos de Nueva York y de permitirle a su esposa terminar entre sus familiares y morir al menos con la tranquilidad de que sus hijas iban a estar mejor atendidas en Puebla, que en cualquier otro lugar.

La vida sigue su curso y él siguió con su trabajo.

Cuántas veces sucede que ante una pena, no encontramos mejor bálsamo que nuestro propio trabajo. Eso nos distrae y nos eleva el espíritu poco a poco.

Eso fue lo que hizo y así, entre el trato con la gente, lo que de manera natural se da en una relación que tienen los fotógrafos con sus clientes y el trabajo de retocar negativos, revelar e imprimir sus fotos, el dolor se empezó a disipar.

Josaphat no era – lo que decimos en México- muy "amiguero". Desde luego que sí tenía amigos, y mucho lo apreciaban, pero no era de los que siempre salen con ellos a todas horas. Era de muy fácil relación por su manera extrovertida de ser. Se solazaba platicando anécdotas y vivencias. Su risa era fácil de provocar porque disfrutaba las ocurrencias y chascarrillos, que terminaban con frecuencia en sonoras carcajadas.

De aquellas en que aún desconociendo de lo que se trataba o cuál era el chiste, se echaba uno a reír también.

Era sumamente estricto y exigente. Más aún, perfeccionista. "Las cosas hay que hacerlas bien o mejor no hacerlas" era una de sus frases más socorridas.

SERIE NUEVA YORK

Sentíamos miedo solamente cuando habíamos hecho algo mal. Por lo demás era el padre más cariñoso que se pueda imaginar, porque en las mañanas para salir al colegio, era obligadísimo acudir a su habitación a darle los buenos días.

Abría los brazos y daba un grito de felicidad por vernos y abrazarnos. Así que a pesar de su carácter sumamente estricto, siempre nos sentimos profundamente amados. Supo apretar muy duro, pero supo demostrarnos su amor.

En Nueva York y Washington se hizo de algunas amistades que lo buscaron siempre y mantuvieron comunicación por cartas hasta que murió uno a uno.

Una de las amistades más entrañables que tuvo, fue con un paisano que de manera fortuita se encontró en Nueva York.

Era don Eugenio Espino Barros, de Puebla también. Fotógrafo como Josaphat, descubrieron mutuamente las afinidades que ambos tenían, lo que hizo que se frecuentaran.

Don Eugenio, gran conocedor de la fotografía, había centrado sus pensamientos y su gran inteligencia y habilidad en el mecanismo de las cámaras profesionales y en las amplificadoras.

Su destreza en el uso de las herramientas de carpintería haría de él un gran ebanista. Pero sus conocimientos de óptica lo llevarían mucho más lejos, pero sobre todo sus inquietudes y su capacidad de inventiva.

Varias décadas después instaló una fábrica de cámaras y amplificadoras en Monterrey, Nuevo León, que cosas del destino, tuvo como sus mejores clientes a los estudios fotográficos del sur de Estados Unidos, así como las escuelas de fotografía que todavía operaba esos magníficos equipos.

Pues bien, don Eugenio le explicaba a Josaphat que la fuente de luz de las amplificadoras convencionales, de focos con filamento de Tungsteno, generaba demasiado calor y además de calentar el cuarto oscuro, haciendo el ambiente incomodísimo en época de calor, afectaba la emulsión de los negativos en exposiciones prolongadas.

SERIE NUEVA YORK

"Por eso", argumentó, "he diseñado una nueva fuente a base de luz fría con tubos de gas neón en blanco".

"Además, con la luz blanca, en vez de la amarilla tradicional, se obtiene más suavidad y una penetración tal, que me proporcionan mayor nitidez y calidad en mis fotos".

"Ya hice las pruebas colocando dos tubos "serpenteando" la caja para formar una trama que abarque totalmente la superficie y en la parte superior, un condensador para lograr la homogeneidad de la luz".

Con sólo escuchar a don Eugenio se deleitaba con su entusiasmo y acertados razonamientos.

La idea de don Eugenio era hacerle una propuesta a una empresa de fotografía muy importante y negociar su invento, por lo que le pedía a Josaphat que lo acompañara.

A él le pareció estupendo el invento y de inmediato aceptó acompañarlo.

Así se presentaron en las oficinas generales de dicha empresa, preguntando por el director de la gran corporación.

Un indiferente empleado, de muy mala gana, de inmediato les advirtió que no era posible recibirlos pero que explicaran cuál era su asunto.

"Le queremos mostrar al Sr. director una modificación que he desarrollado como fuente de luz para las amplificadoras. Funciona con tubos de gas neón, proporcionando una luz fría y suave. No se dañan los negativos a pesar de exposiciones o sesiones muy prolongadas y se logran fotos de excelente calidad", dijo don Eugenio.

"No creo que le interese al director, pero si quieren dejar su material, yo se lo mostraré y ustedes pueden regresar después a recogerlo" refunfuño el empleadillo, fijándoles la nueva fecha de retorno.

NOVIOS SERIE PUEBLA, 1929.

Desconcertados don Eugenio y Josaphat, abandonaron las oficinas, pensando como quiera, con cierta ilusión – e ingenuidad – que al director y su equipo de técnicos les gustara esa innovación y por consiguiente lograr un acuerdo que beneficiara a las dos partes.

Es muy posible que por la mente de don Eugenio haya pasado la posibilidad de que la misma empresa lo invitara a formar parte de su equipo de investigación o de fotógrafos.

Que sé yo, algo bueno.

Eso es normal, eso es lo que sucede cuando se descubre en alguien el talento como el de don Eugenio.

Cuando regresaron puntuales a la cita, fueron recibidos por el mismo empleado y con los mismos malos modales de la primera vez, como si la gran empresa a través de un empleado de tercera categoría les hubiera hecho la gracia a los dos mexicanos de dirigirles la palabra.

"Pueden llevarse su material. No le interesó al director. Yo se los advertí", gruñó el individuo, abriendo la puerta para que de inmediato salieran.

Ahora sí perplejos, se preguntaban en dónde estaría la falla. ¿Por qué tan cerrados que ni siquiera me permitieron exponer mis razonamientos? Ni siquiera quisieron escucharme", se lamentó don Eugenio.

Sus dudas se disiparon bien pronto porque después de unos cuantos meses, la compañía fotográfica anunciaba con bombos y platillos su nuevo equipo de amplificadoras con luz fría, "producto de la más alta tecnología y de las investigaciones hechas por nuestro departamento fulano, etc., etc.".

Se habían "fusilado" la idea de don Eugenio.

No sé cuanto tiempo más se quedó allá en Nueva York, pero a su regreso al terruño, demostró una vez más la certeza de un refrán que tenemos muy apegado los mexicanos y que era tan socorrido por el propio Josaphat y que yo también seré repetitivo por lo adecuado que merece en éste caso de que "el que es perico donde quiera es verde".

DESFILE NUEVA YORK 1919

NUEVA YORK, 1917

Habiéndose casado con una maravillosa dama potosina, doña Esther, fijaron su residencia en la pujante e industriosa ciudad de Monterrey, Nuevo León, en donde instaló la primera fábrica de cámaras y amplificadoras de México con mucho éxito.

Así mismo don Eugenio tomó la especialidad de la fotografía industrial.

Las impresionantes fotos que le tomó a casi todas las industrias de Monterrey, han quedado como testimonio de la gran capacidad y talento de uno de los mejores fotógrafos que ha dado México, don Eugenio Espino Barros.

Josaphat había permanecido en Nueva York y su vida discurría en medio de su trabajo.

Las noticias de lo que sucedía en México, eran conocidas a través de los diarios que daban cuenta de la revuelta contra Carranza y su asesinato en Tlaxcalaltongo, Puebla, en su camino a Veracruz, en donde pretendía trasladar los poderes, para lo cual se usaron 60 vagones de ferrocarril con los archivos y documentación de todos los ministerios y, por supuesto, las arcas de la Federación.

Ahora el hombre fuerte, y que estaba detrás del magnicidio, era un militar de Sonora, Alvaro Obregón.

Las ambiciones desmedidas estaban a la orden del día y no le permitían al pobre país una etapa siquiera razonable, de paz y prosperidad.

Josaphat cavilaba sobre ello y se alegraba de haber tomado la decisión de emigrar. Muchas veces pensó que si se hubiera quedado en México, tal vez no viviría.

Recordaba cómo en una ocasión, de visita en casa de unas amistades en Puebla, se oyó un tiroteo y una bala perdida impactó un ventanal, cuyos vidrios se desperdigaron por toda la habitación con un gran estruendo y la bala rozándole la cabeza, se incrustó en uno de los muros.

¿Fue ése el detonante para emigrar?

Tal vez ésa fue la gota que derramó el vaso y estaba convencido de haber hecho lo correcto.

GRUPO CAZADORES ESTADO DE PUEBLA. 1923

AUTO RESCATADO EN LODAZAL 1923

Pero ahora, con la llave del triunfo profesional en las manos, añoraba más que nunca su tierra.

Siempre nos platicaba que echaba de menos a su familia y amigos. Recordaba con mucha frecuencia hasta la comida y antojitos que llegaron a hacerse para él una obsesión.

Nunca se adaptó por completo a la comida que encontraba en Nueva York, aunque se las ingeniaba para encontrar algunas cosas de México, para sazonar y darle siquiera un toque de comida casera. Disfrutaba muchísimo la comida casera.

Siempre manifestaba su encanto por la vida. Lo mismo detenía su marcha para mirar un atardecer, que para extasiarse con una interminable cadena montañosa en algún viaje en auto. Y así era con las cosas aparentemente sencillas, en que tenía el don de disfrutarlas, como la lluvia o la formación de nubes. Todo le divertía. Todo lo maravillaba.

No se diga en el terreno femenino. Observador como era, no se cansaba de manifestar su admiración por la belleza de la mujer. Tuvo siempre esa rara virtud, de exaltarla sin despertar jamás sospecha de morbosidad o de caer en la ridiculez de un viejo "rabo verde" y menos de habernos dado un mal ejemplo de infidelidad.

Sin embargo, en su etapa de viudez, con toda seguridad debe haber tenido – y aprovechado –muchas oportunidades que se le presentaban ante ese interminable desfile de bellas féminas, que posaron para su cámara y para él.

Mas tarde, Rosario me decía sentirse afortunada de no haber sido celosa porque frecuentemente se presentaban en el estudio unas bellezas extraordinarias, y Josaphat al preguntar ¿Cómo quiere sus fotos señorita? Respondían con absoluta naturalidad: "Desnuda, maestro, desnuda".

Siempre aplaudí la sensatez de mi madre, que como las esposas de los pintores y escultores, supo entender la versátil actividad de Josaphat.

Ignoro si entre las relaciones que él estableció con algunas amigas, cortejó a alguien en especial con fines matrimoniales, pero lo dudo.

NIÑOS DE LA FAMILIA GUERRA 1904

Era él un conservador en tal sentido y admiraba profundamente las virtudes de la mujer mexicana, el recato, la sencillez.

Y así las cosas, es evidente que si volteaba con demasiada frecuencia la cara hacia el sur, hacia su tierra, su entrañable México, no sería sólo por ver a sus familiares y amigos, o simplemente por el antojo por comer lo que tanto echaba de menos de la exquisita cocina poblana, obra de artistas más que de mortales cocineros.

Él sabía que por mejor que le fuera, en Estados Unidos o donde fuera, en la soledad en que se encontraba, no llegaría a ningún lado.

Entendió que si el infortunio le arrebató a su compañera, la vida misma le daba la oportunidad de rehacerse y pensar con calma y tomar la decisión correcta, la definitiva.

Y esa decisión era buscar a su compañera en México. En esos momentos ni siquiera podía proyectar regresar a Nueva York o radicar de una vez por todas en la patria.

Después del asesinato de Carranza, todo parecía entrar ya en calma. Ya no había tantos balazos. ¿Y si mejor, de una vez por todas me quedo en México? Se habría preguntado.

CAPITULO V

DE REGRESO A MEXICO.

Para los que desconocían sus sentimientos, con toda seguridad resulta inexplicable que hablara de regresar a México.

ROSARIO Y LA TÍA LULÚ. PUEBLA, 1923.

En Nueva York no podía irle mejor a un inmigrante que apenas unos años atrás, huía en parte, de la Revolución, que en su etapa de mayor intensidad, más parecía una rebatinga de ambiciosos forajidos, que de sinceros luchadores sociales.

Los principios fundamentales para iniciar la lucha armada de "sufragio efectivo, no reelección" se fueron a la tumba con su autor, Madero. Y aunque siempre se hablaba de ese postulado, toda la nación sabía que ese movimiento honesto en su origen, se convirtió en una sorda lucha por el poder.

Josaphat y Rosario recordaban a través de toda su vida, que no se explicaban cómo era posible que los que ayer eran unos rudos bandoleros y hasta asesinos, que no valoraban la vida de los que caían en sus manos y mataban en nombre de la revolución, los consideraron y fueron exaltados a nivel de héroes nacionales por los sucesivos regímenes emanados de esa lucha y que gobernaron a México, siempre invocando la palabra revolución, que cobró matices casi mágicos y fue la sustentación del poder durante todo el siglo XX.

No olvidaba Rosario, cuando pasaron frente a la casa paterna, las derrotadas columnas de zapatistas después de una cruenta batalla en Puebla, con las caras tiznadas y ennegrecidas por la pólvora, de los hombres que avanzaban en retirada.

El miedo que les produjo a ella y sus hermanas, que tuvieron que ser escondidas en el sótano de la casa para no ser vistas, porque para ellos con sólo derribar la puerta a cañonazos si fuera preciso, tomaban o capturaban lo que querían.

Valiosas propiedades, urbanas y rurales fueron enajenadas a punta de pistola o de fusil y sus legítimos dueños asesinados por millares de hombres armados y protegidos por las hordas revolucionarias, que en nombre de un legítimo movimiento social, se enriquecieron asesinando sin compasión a todo aquel que se les interpusiera en su camino.

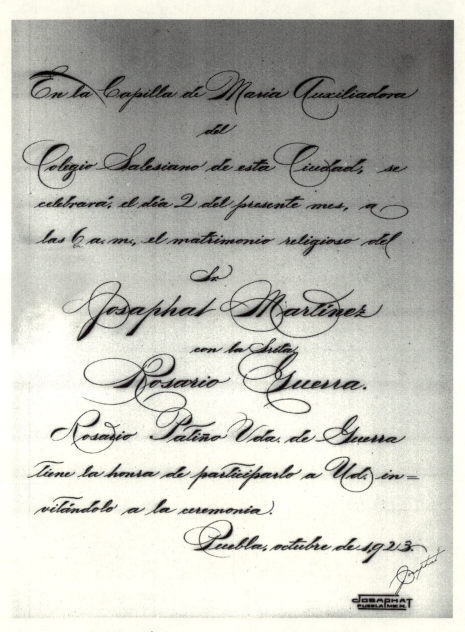

INVITACIÓN BODA DE JOSAPHAT Y ROSARIO

Por eso, decía Rosario, ¿Cómo voy a honrar a esos "héroes nacionales"? Si nosotros vivimos, presenciamos sus excesos y sus actos de pillería. "Para mí eran y seguirán siendo unos bandidos", refiriéndose a los que sobrevivieron y que ya se ostentaban además de millonarios, como gente de bien, muchos de los cuales, por supuesto, incursionaron en la política, ocupando curules en el Congreso, gubernaturas y uno que otro que llegó a la presidencia de la República.

No dudo de que la animadversión de Rosario, deriva del sufrimiento de una sociedad que presenció una guerra en que los excesos y arbitrariedades, así como los crímenes de una dictadura, sólo fueron sustituidos por los de otra facción, pero en donde yo percibía su mayor indignación, era en el discurso hipócrita de los vencedores, que querían imponer la tesis de que encarnaban a los salvadores de la patria.

No olvidaba Rosario de que se la pasaron años sobreviviendo con tortillas y pan duro, luchando día con día para buscar carne, leche o verduras, que ni con dinero se conseguía porque simplemente no valía. Cuando acertaban en conseguir algunas galletas o algo suave para comer, Rosario grande, su madre, les advertía: "Esto es para su abuela que no tiene dientes. Nosotros podemos seguir comiendo pan duro".

Indiscutiblemente el enfoque de los que vivieron y sufrieron en carne propia una guerra, es muy diferente a la nuestra y son ellos los que merecen todos los créditos y no los usufructuarios de enriquecimientos de origen discutible.

Cuando por fin se decidió a regresar a México, encontró a un país más o menos pacificado. Todavía había revueltas y escaramuzas, pero no se comparaba con el escenario de antes, cuando él partió a Estados Unidos.

Ya corría el año de 1922 y la patria había quedado empobrecida y apenas comenzaba nuevamente a reordenar su economía y su precaria industria. Asimismo se reconstruía su dañada infraestructura.

CEREMONIA RELIGIOSA BODA JOSAPHAT Y ROSARIO

Se tendían los tramos afectados de las vías férreas, puentes, caminos y edificios.

Era como el despertar de una horrible noche de excesos y sangre; de violencia y destrucción.

Pero a la vez ya se respiraba un ambiente de esperanza. No se llegaba aún al optimismo.

Como quiera, Josaphat se encontraba feliz de estar nuevamente en su tierra. Su familia se encontraba bien, pasando penurias pero sus hijas estuvieron bien atendidas y con salud.

Es muy posible que en algún momento pasara por su mente la idea de ya no poder regresar. La lejanía, los conflictos, muchos factores que pudieron habérselo impedido.

Sin embargo ahí estaba nuevamente en su estudio de Puebla. Su llegada fue algo así como un gran acontecimiento entre sus familiares y amigos. Claro es, también entre su clientela que lo vieron como un hombre exitoso.

En general, en la ciudad se supo mucho de él y sus logros. En aquél entonces no era común que la gente viajara tan lejos, así que el concepto de que llegara alguien de Nueva York, de Madrid o de París, tenía una connotación diferente con relación al tiempo presente.

No obstante que la economía nacional apenas se rehacía, la numerosa clientela que tuvo a su regreso en Puebla por el prestigio ya logrado, le permitía vivir con holgura, independientemente de sus ahorros, logrados durante su estadía en Estados Unidos.

Muchos pensamientos pasaban por su mente en aquel reencuentro con su tierra. Daba la impresión la ciudad de verse semivacía. Muchos de sus conocidos y amigos ya habían muerto. No sólo las acciones revolucionarias los mataron.

En ese ambiente de escasez de alimentos y de gravísima contaminación ambiental por el gran número de muertos sin un manejo adecuado, diseminados por todos lados y favoreciendo el desarrollo bacteriano, así como

BODA DE JOSAPHAT Y ROSARIO. 2 DE OCTUBRE DE 1923

de insectos y roedores que facilitaron las epidemias, consecuencia natural de las guerras.

Millares de cadáveres abandonados en arroyos y acequias, así como en pozos de agua, fuentes de suministro del líquido para millones de gentes, fueron uno de los vehículos para la profusión de enfermedades.

Era muy común ver a una piara de cerdos domésticos, o perros callejeros, peleando ferozmente en la vía pública por la posesión de un cadáver para devorarlo.

El brote de la llamada "Influenza española", afección respiratoria catarral, de tipo viral, cuya forma actual ya "domesticada", la conocemos como gripe, se presentó en 1918 y cobró más de veinte millones de muertes en el mundo, aunque hay datos de que pudo haber llegado la cifra a 50 millones, por eso se le consideró una pandemia y que por cierto una enfermedad similar e igualmente mortífera ha hecho su aparición en el mundo, provocada por el llamado virus AH1N1, emparentada con la de 1918, ambas de origen aviario, ya que en la primera década del Siglo XXI, para ahondar las investigaciones epidemiológicas, se exhumaron los restos del cadáver de un soldado de la Primera Guerra Mundial, identificado plenamente como fallecido a causa de la "influenza española" hace casi un siglo, encontrando ADN de origen aviario, como lo es la actual y que apunta para provocar graves problemas sanitarios una vez que aumente su transmisibilidad.

En Puebla eran tantos los muertos que Rosario platicaba que ya no había catafalcos, ni dinero para comprarlos si los hubiera, así que la gente optó por "enredar" a sus muertos en un petate y esperaban todas las mañanas las carretas habilitadas para recogerlos, de manera que al finalizar sus recorridos en el cementerio, llegaban las correspondientes a los distintos itinerarios, rebosantes de cadáveres a los que esperaba la fosa común.

Esos sentimientos tan disímbolos le daban a Josaphat tristeza, por tantos seres queridos, ausentes ahora que regresaba, empezando por Aurora su esposa.

¡Cuánta gente muerta por el tifo, la tuberculosis, la influenza y las disenterías!

CARRO NUPCIAL BODA JOSAPHAT Y ROSARIO

JOSAPHAT Y ROSARIO. LA HABANA, CUBA 1923

¡Cuántos muertos a balazos y explosiones sin fin! ¡Cuánta tristeza por todo México!

No obstante, la República mostraba también otra faceta que es la que nos da a los mexicanos el orgullo de serlo, el sello de garantía de que siempre hemos sabido levantarnos y remontar las adversidades. Nuestra alegría, de la que tenemos el don divino de externarla y permitir que aflore, libre, de manera natural, aún en situaciones que estemos más para llorar que para reír.

Pero históricamente, esa alegría y ese sentido del humor que trabaja a la "menor provocación", es lo que como pueblo nos ha permitido sobrevivir desde siempre.

Y la época post-revolucionaria era el vivo ejemplo de ello.

Una vez reparadas y rehabilitadas las fábricas textiles de Puebla, pilares tradicionales de la economía, empezaron a trabajar con febril actividad. Había que vestir a millones de mexicanos que con la Revolución quedaron empobrecidos hasta en su vestimenta.

Los campos mexicanos abandonados, empezaban a producir.

Ya había vacas y sus preciados productos alimentaban a una sociedad que sólo sabía de escasez y ayuno.

Como quiera era ya otro el aire que se respiraba y en esas, Josaphat volvía a sus amigos y a las tertulias en que era obligado saber de uno y otro lado las experiencias intensísimas, históricas, que se vivieron en México y de él en los Estados Unidos.

Era obligado visitar a la familia Guerra, sus entrañables amigos, allá por la calle de San Jerónimo.

Sí, la mismísima familia por la cual Josaphat sentía una profunda admiración por su dignidad y reciedumbre. La de la viuda que prodigaba grandes cuidados y amor a su suegra enferma, haciendo que todos, como una sola persona, sin importar riesgos, pusieran todo aquello de lo que fueran capaces, de día y de noche para asistirla hasta el final.

JOSAPHAT Y ROSARIO. LA HABANA, CUBA

LA HABANA, CUBA 1923

Ahora, después de la revolución y habiendo perdido un hijo al que le había "dado por la copa" diría la viuda "lo prefiero muerto que vagando por los caminos torcidos y dando lástimas y vergüenza".

Esa familia con sólidos principios, ya mermada además, por las epidemias, le produjo a Josaphat otra nueva sorpresa.

Aquella muchachita rubia, de ojos azules, a la que la última vez que vio era sólo una chiquilla, pero que así de chica fue la inspiración de algunos poetas de la época, por lo vivaracha y conversadora, le dedicaron algunos poemas.

Ahora en 1922, ya era una mujer de la que Josaphat se quedó impactado. Diría con toda seguridad lo que todos decimos ante una semejante circunstancia ¡Cómo pasa el tiempo!

En ese preciso momento Josaphat supo con toda seguridad lo que quería y quedó prendado de esa joven llamada Rosario.

Atrás quedaron los recuerdos de las bellas rubias de visón y de las gringas encueradas.

Ahora como un latigazo le llegó ese segundo aire que a veces nos da la vida como otra oportunidad para reencontrar nuestro camino.

Al principio todos pensaron que esa asiduidad en sus visitas, iba dirigida a las hermanas mayores, dada la diferencia de edad de Josaphat con Rosario, que era de 12 años.

Pronto quedó aclarada la duda, ya que el flirteo y los frecuentes regalos no necesitaron de mayores conjeturas.

Josaphat disfrutaba de un buen cartel entre el sexo femenino. Alto, delgado y sumamente varonil, le daban a su gusto por vestir muy bien, el toque que se requiere para ser galán. Además de exitoso.

Así que no había obstáculo que se interpusiera para iniciar un romance con la joven Rosario, además del beneplácito general de la familia Guerra.

ACERCÁNDOSE A NUEVA YORK.

El noviazgo pronto se inició con la autorización debida de la madre de la novia, como se acostumbraba en la época y que en la actualidad, ya casi desaparece ese detalle de romanticismo.

Desde un principio él tuvo intenciones matrimoniales porque bien conocía a la familia y era justo lo que quería y necesitaba.

Además ya no se podía dar el lujo de "gastar lumbre en infiernitos" pues ya casi cumplía los 34 años y era un hombre hecho y derecho. Por ese entonces el promedio de vida de los mexicanos varones no llegaba a los 40 años.

Su proyecto original fue el de radicar en su querida Puebla, bella ciudad colonial, riquísima en tesoros arquitectónicos y pictóricos, llamada "Relicario de América" y que por entonces cumplía 400 años de su fundación.

Y además, ¿para qué salir de allí? Se vivía muy bien. Una ciudad ordenada y con una tradición cultural reconocida en donde todo mundo lo conocía y lo respetaba como individuo y como el mejor retratista, lo que le aseguraba una nutrida clientela.

Le gustaba salir de caza y frecuentemente se ausentaba de la ciudad a los lugares que ya tenía conocidos por su abundante fauna.

Siempre lo hacía de día y nunca aceptó la cacería nocturna a la que consideraba innoble, pues no se le daba la oportunidad a la pieza, de huir.

Mientras tanto, entre excursiones y la dicha de estar nuevamente en ese entrañable ambiente familiar y de amigos, enriquecida ahora por un romance que le daba nuevos bríos, como si hubiese recibido un aliento de juventud de Rosario, se sentía sumamente dichoso.

Por su parte, Rosario, mi madre, era una magnífica hija y ama de casa. Sumamente cuidadosa de las formas y del protocolo, fue educada con sus hermanos, nueve en total, con la rigidez y restricciones de la época y a la muerte de su padre, cuando ella sólo tenía nueve años, la menor de todos, se solidarizó con las hermanas para fortalecer a su madre y hacer un frente común y ayudarla a evitar que los varones, como decimos en México, "se salieran del huacal" ya sin la voz de mando del padre.

LLEGANDO A NUEVA YORK

NUEVA YORK, 1923

La poca experiencia de Rosario fue superada por las necesidades de supervivencia que las guerras traen consigo en la población que las sufre, en donde sólo los más hábiles pueden sobrevivir.

Puede decirse que Rosario era una lectora compulsiva, porque libro que caía en sus manos, lo devoraba con avidez.

Desafortunadamente le tocó una época en que casi todo se detuvo en México, afectando también los aspectos culturales y por otro lado, muchos temas eran considerados inapropiados para la mujer.

Así que Rosario leía sobre todo literatura, poesía e historia. Memorizaba muy bien y recordaba poco antes de su muerte, ya casi a los noventa años, los poemas que más la habían impactado de niña y todas las estrofas del himno nacional.

Siempre se lamentó de no haber tenido la oportunidad de asistir a la universidad.

Aún así, carente de estudios superiores, era una persona culta que sorprendía por su inteligencia y su gran capacidad de discernimiento. Era de esas personas que en una discusión, le iba cerrando los caminos a su oponente con argumentos llenos de lógica, de sabiduría y contundentemente cerraba el cerco en el momento que ella consideraba necesario y para rematar, en caso de que fuera imperativo, manejaba magistralmente el sarcasmo para dejar mal parado a quien pretendiera abusar de su generosidad y nobleza.

Siempre intuía las malas intenciones y la perversión, de manera que nunca necesitó defensor alguno porque hablaba con gran franqueza y claridad de conceptos e ideas.

Su tesis fundamental en la vida fue la lealtad y la generosidad, que fueron las grandes virtudes que todos los que la trataron, le concedieron, empezando por Josaphat.

La fecha de la boda fue proyectada para el día 2 de Octubre de 1923. ¿La hora?

JOSAPHAT Y ROSARIO, NUEVA YORK, 1923

¿Habían oído ustedes hablar de una boda que se celebrara a las 6 de la mañana?

Bueno pues Josaphat y Rosario así lo decidieron que se celebrara: a las 6 de la mañana.

La causa de un horario tan poco convencional era más bien de logística, que de capricho, como de entrada pudiera creerse.

El viaje de bodas él lo planeó para ir a La Habana y San Juan de Puerto Rico, por lo que habían de salir por ferrocarril al puerto de Veracruz y cabía justo el tiempo para las ceremonias civil y religiosa, un desayuno que substituía al banquete de bodas y el rápido desplazamiento a la estación para no perder el tren.

Proyectaron retornar un mes y medio después, de manera que era un viaje largo y prolongado.

Para él éste era un viaje maravilloso, porque constituía una grata oportunidad que la vida le daba para ser totalmente feliz. No se veían obstáculos ni piedras en su camino.

Rosario en cambio iba muy tensa. Independientemente del miedo y nerviosismo que se apodera generalmente de las recién casadas, fundamentalmente el día de la boda, ella viajaba por primera vez en un trayecto largo y a otros países desconocidos, además la travesía en vapor por altamar, que para ella era impresionante. Todavía estaba fresca en su memoria la tragedia del Titanic unos años atrás, pero que fue noticia mundial y sumamente repetitiva, que marcó a fuego las impresiones de ese drama en las mentes de millones de personas de la época y que tenían aversión de viajar por mar.

Él, más "corridito", en ese y otros sentidos, iba tranquilo, no obstante, pensaba también en las cosas de México.

Todavía estaba impresionado por el reciente asesinato de Pancho Villa, ese mismo año de 1923 y sobre todo, la forma en que lo hicieron

ROSARIO, NUEVA YORK. 1923

"venadeándolo" en Parral, Chihuahua, descargándole una cantidad brutal de balas para que no hubiera dudas de que quedara bien muerto.

Rosario se fue serenando poco a poco, admirando la belleza del escenario del trópico de altura entrando al estado de Veracruz. Como sea, Josaphat que fue muy cariñoso y respetuoso con ella toda la vida, le dio ánimos y ella, a la vez, se sintió apoyada por la experiencia y seguridad de él.

Ambos comentaban lo hermoso del país y se condolían de los estragos de la guerra, de la pobreza notoria en la gente que con curiosidad veía pasar el tren.

¡Qué nación tan grande podría ser México si hubiera paz y orden! dirían al ver la intensidad del verde y la vegetación cerradísima vistiendo aquellos montes y cerros.

Las revueltas se sucedían tanto como los asesinatos que siempre horrorizaron a Rosario, que nunca perdió la capacidad de indignación por tanta sangre y tanta barbarie. Siempre detestó a esos asesinos disfrazados de redentores del pueblo de México.

Por fin, el ferrocarril empezó a descender de la Sierra Madre Oriental acercándose al trópico en donde ya se percibía la humedad característica de la costa del Golfo de México, y al poco tiempo ya se acercaban al puerto jarocho, punto terminal del viaje de la primera etapa del viaje.

Una vez instalados en Veracruz, recorrieron las calles del centro para rematar en el famoso Malecón.

A Rosario le gustó mucho el trazo de sus calles, recordándole a su Angelópolis la simetría del centro del puerto.

Los estragos de la guerra eran evidentes porque un gran número de casas resentían la falta de mantenimiento, así como la gente manifestaba su pobreza por la modestia de sus vestimentas.

Sin embargo, el carácter alegre de los veracruzanos disipaba la tristeza de una ciudad semivacía, consecuencia natural de la pérdida de vidas, de lo

OLD MADISON SQUARE, NUEVA YORK, 1923

FIFTH AV. NUEVA YORK, 1924

cual aún no se reponía, como la mayoría de las ciudades mexicanas de la época.

La tensión de un largo viaje de bodas, que apenas iniciaba en el puerto de Veracruz, escala obligada para salir a altamar en la ruta a Puerto Rico y Cuba, se hacía cada vez más fuerte para Rosario, joven provinciana acostumbrada por toda su vida a vivir entre familia y no desprenderse nunca de ella, fundamentalmente de su madre con quien sentía una singular identificación, que entre otras cosas era correspondida de la misma manera.

Rosario era la que decidía asuntos vitales de la casa paterna y lo hizo desde su etapa de adolescente. Siempre fue decidida y no aceptaba titubeos por lo que ahora, además de las tribulaciones y el montón de dudas acerca del futuro del país y su gente, sentía la pena por dejar a la madre y hermanos a su suerte en un ambiente empobrecido, mientras ella iba a la segura en un viaje nupcial en que todo debiera apuntar hacia la felicidad.

El hecho de ver por primera vez el mar fue impactante para Rosario, no obstante de que en octubre generalmente están agitadas las aguas del Golfo, con rachas de aire muy fuertes que demeritan su belleza como escenario de playa.

El dulce sonido de las marimbas y de los ritmos tropicales fuertemente influidos por la música cubana que se escuchaban por doquier, delataban el especial gusto de los jarochos por la música, por el ritmo, por la vida, a pesar de los infortunios vividos poco antes y que hacía menos de una década, como corolario de una cadena interminable de calamidades y luchas sangrientas, sufrieron nada menos que la invasión de los marines de los Estados Unidos, ultrajando no sólo la vida de los porteños que perdieron a muchos de los suyos, sino que más importante quizás, vieron vulnerados su dignidad y honor de mexicanos con esa detestable presencia, aprovechándose de nuestras desdichas y desorden.

En medio de esos sentimientos encontrados, la tristeza por lo ocurrido durante la revolución y la gran dificultad por superar tantas pérdidas, tanta destrucción pero a la vez ya encauzada hacia una nueva vida, ahora de mujer casada, con la firme esperanza de un México pacificado, Rosario y Josaphat disfrutaban como quiera que sea de lo agradable del ambiente veracruzano,

WALL STREET NUEVA YORK 1924

aguardando la fecha y hora del abordaje del vapor que los llevaría a la Isla del Encanto y a la Perla de las Antillas.

¿Cómo será Puerto Rico?, el lugar que Josaphat eligió como destino para el viaje de bodas, lo mismo que Cuba.

Poco sabían en México de aquellos países.

La revolución acaparó las noticias que como un torrente de información llegaba a todo el territorio nacional.

Las matanzas, los asesinatos y las injusticias que se dieron con tantas y tantas ejecuciones, unos fusilados, otros colgados de los postes de telégrafos, que parecían estar de moda, como un macabro estilo de llevar las cosas al máximo nivel de crueldad que, paradójicamente, y como suele suceder con las guerras, se va perdiendo el sentido del impacto emocional, pero no tanto como para dejar de ser noticia.

Así que poco habría que decir sobre Cuba y Puerto Rico como no fuera que recientemente Cuba dejó de ser una colonia española pasando inmediatamente a "serlo" de Estados Unidos, sin tener el privilegio de por lo menos, disfrutar de un pequeño receso como nación independiente y soberana.

Finalmente, abordaron el vapor que los llevaría a Puerto Rico, pensando que pronto le tendría que ir mejor a todos en México y pronosticaban que esos eran los estertores del cruento movimiento armado y no de la nación. Las naciones no mueren, aunque algunos ambiciosos pareciera que se lo proponen.

Rosario, tan pronto zarpó el barco, se mareó y el trayecto se le hizo una eternidad.

San Juan, en aquella época una ciudad pequeña, dejaba ver el encanto del estilo español con su balconería de hierro, ornamentada con toda suerte de flores tropicales que brotaban con la exuberancia antillana de aquellas macetas, que parecieran competir con una infinita variedad de colores y combinaciones, dándoles la bienvenida a Josaphat y Rosario.

INVIERNO 1923-1924 N.Y.

Las estrechas calles de la ciudad le agregaban el toque provinciano que se respiraba y alegraba a la pareja de mexicanos que bien pronto establecieron amena charla con los hospitalarios portorriqueños, identificados plenamente con aquellos que llegaban de México, país admirado y del que mucho se hablaba en las Antillas, por lo que la pregunta obligada versaba acerca del movimiento armado recientemente sufrido por los mexicanos y que mucho revuelo causó en todo el mundo, pero principalmente en los países de nuestro continente.

San Juan mostraba su mejor cara a los visitantes con sus jardines tan bien cuidados y sus calles limpias que denotaban a una nación en paz.

Claro es que ni Puerto Rico ni algún otro país latinoamericano, podría escapar –como hasta ahora- de los dramáticos contrastes que nos hacen recordar que aún no alcanzamos el desarrollo a plenitud.

Como quiera que sea, el ambiente de paz sosegaba las almas de Josaphat y Rosario, brutalmente impactados por los desastres de la guerra y la enorme cuesta arriba para reponerse de tantas matanzas y desorden.

Los portorriqueños, a pesar de sus desigualdades sociales, bien marcadas por las pobres carnes y vestimentas de los marginados, denotaban al menos la tranquilidad que en México todavía no llegaba. La opulencia de los privilegiados, como en todo el mundo, se destacaba a simple vista, dejando ver grandes mansiones con jardines bien cuidados y llenos de flores que hacían de ello un escenario de fantasía y exuberancia.

Mucho ayudaba en San Juan, la alegría de la gente y su música que por doquier se tocaba como en competencia para ver quién hacía más escándalo.

Los viajeros percibían esa extraña sensación que a todos causa el incursionar en otros mundos, sobre todo cuando se escuchan otros ritmos e instrumentos que, venidos de Africa, los sumergían en esa especie de sueño, evidentemente magnificados por la gente de color, prácticamente desconocida en Puebla.

Josaphat, más corrido y de más mundo, ya los conocía en Nueva York, pero a Rosario, todo éste caudal de sensaciones, todavía no los podía asimilar ni digerir.

EDIFICIO WOOLWORTH NUEVA YORK. 1924

En una época en que los viajes largos eran cosa poco común, fundamentalmente por la etapa que penosamente atravesaba México, eran raros los que podían darse el lujo de un viaje de bodas por el Caribe.

Así las cosas, los días pasaron rápidamente, para abordar después de una semana de estancia en Puerto Rico, el vapor con destino a Cuba, la Perla de las Antillas.

La llegada a La Habana, fue impresionante para Josaphat y Rosario. Lo es para cualquiera.

El Castillo del Morro parecía salir del promontorio en que se encuentra, para darles la bienvenida, en ese mar azul que caracteriza a la hermosa bahía.

Cuba les era mucho más familiar a la pareja de mexicanos que Puerto Rico.

Los cubanos y mexicanos siempre nos hemos identificado en las buenas y en las malas.

México ya había sufrido la brutal invasión por parte de los Estados Unidos.

Una de ellas la del siglo XIX, nos costó la pérdida de la mitad de nuestro territorio, dejándonos la amargura y la triste experiencia de vernos desorganizados, desarticulados e incapaces de vencer en San Jacinto a un puñado de vaqueros aventureros, pero mejor pertrechados y organizados, lo suficientemente para arrebatarnos nuestro territorio y el honor de la victoria.

Ahora les tocaba a los cubanos soportar el estigma y el deshonor de imponerles la famosa Enmienda Platt en su mismísima constitución, recientemente aprobada a beneplácito por los Estados Unidos, que se arrogaban por esa vía el derecho de hacer lo que les viniera en gana en Cuba, "en nombre de la democracia y la libertad".

La Habana era una ciudad muy ordenada y limpia.

Sus también estrechas calles daban cuenta de la hispanidad y su influencia durante cuatro siglos.

RIVERSIDE DR. NUEVA YORK. 1924

PUENTE DE BROOKLYN, N. YORK

Su catedral, de gran sencillez pero de muy agradable arquitectura, distaba en mucho del señorío de la catedral de Puebla, del más puro estilo herreriano, o de la ciudad de México, enormes ambas e impresionantes.

Muy cerca de la catedral habanera, visitaron también el Palacio de los Gobernadores, una recia edificación colonial con sus bien dotados salones, en que la rica candilería destaca, así como sus hermosos corredores circundados por arcos y balconería de hierro, como en Puebla y tantas ciudades mexicanas con sus palacios y edificaciones del mismo estilo.

Posiblemente lo que más impresionó a los mexicanos, que precisamente ahí se gestó y organizó la expedición de Francisco Hernández de Córdoba que llevó a los primeros europeos a México y que culminó con la de Hernán Cortés, pasando previamente por la de Grijalva.

La famosa Isla Juana, bautizada así por el propio Cristóbal Colón en su primer viaje a América, fue por mucho el paso obligado para llegar a México y después a Centro y Sudamérica en los viajes provenientes de Europa.

Volviendo con Josaphat y Rosario, saliendo del centro de La Habana, ya existían sólidas y modernas construcciones del mundo de las finanzas y los grandes negocios azucareros y tabacaleros que le daban a Cuba la solidez económica que la convertían en el paraíso del Caribe.

Esos edificios recordaban en algo a Wall Street por la semejanza arquitectónica y sus estrechas calles.

Todo era bullicio, alegría y movimiento.

La Habana se abría paso hacia el mar con modernas avenidas, ornamentadas con parques adyacentes y camellones cubiertos de césped y flores tropicales de gran variedad y colorido.

Eso fue lo que más impresionó a Rosario que no tenía palabras para expresar lo hermoso de una ciudad tan arbolada y bien arreglada, cuya riqueza era palpable por todos lados.

La música inspirada en los bohíos y sus ritmos caribeños les alegraban los corazones y siempre lamentaron no regresar a esa ciudad señorial.

CALLE 24 NUEVA YORK 1924

GRUPO DE POBLANOS EN SU VELOZ AUTOMÓVIL
PREPARÁNDOSE PARA UNA CARRERA.

Cuba era por entonces el gran destino turístico de los Estados Unidos.

Conectados por diferentes rutas marítimas y zarpando de diferentes puntos para convergir en La Habana en unos cuantos días, hacían la delicia de miles de vacacionistas americanos que huían del horrible frío del norte para atracar en el cálido ambiente caribeño que siempre fue tan apreciado por ellos.

CAPITULO VI
CAMBIO DE PLANES

Era tal el flujo y la frecuencia de salidas de vapores hacia Estados Unidos y sin compromisos específicos para retornar, a él se le ocurrió ¿por qué no ir a Nueva York?

Contaba con los recursos suficientes y con la seguridad que le daban propios y extraños a su arte fotográfico, que después de todo, en el caso de que desearan permanecer más tiempo su presencia en cualquiera de los estudios fotográficos Clinedinst sería bienvenida y mejor remunerada.

Además para Rosario era la gran oportunidad de llegar tan lejos. Después sería imposible viajar con la libertad de la que ahora disfrutaba.

Es fácil comprender el estado de ánimo de una joven provinciana que nunca imaginó separarse tanto tiempo de la familia y que en ésa época, los viajes de boda no implicaban tantos sobresaltos ni trayectos tan largos.

Por un lado echando de menos a la numerosa familia Guerra que también la extrañaban porque era el alma y soporte anímico de todos ellos.

Parlanchina como fue y siempre con la sonrisa a flor de labios, era el centro de atracción de sus hermanos, primos y aún de tíos y personas mayores amigas de la familia que se sentían subyugados por su plática y ocurrencias que sabían muy bien festejar.

CALLE 2 NORTE ESQUINA CON 2 ORIENTE. PUEBLA 1912

Por otra parte, Rosario era consciente de que si bien hablar en el México revolucionario de un lugar tan lejano como Nueva York, era hablar de un lugar casi inalcanzable y que sólo muy pocos podían conocer.

Para Rosario y la familia Guerra, después de tantas tertulias con Josaphat, mostrando algunas de las fotos que él personalmente tomó en su primera etapa en la gran urbe, se les despertó una más que curiosidad por conocerla, sobre todo por la admiración que él sentía por esa ciudad de la que daba cuenta por sus buenas dotes de gran conversador.

Una vez tomada la decisión de viajar a Nueva York, ambos iniciaban otra etapa que de alguna manera, cambiaba el rumbo de sus vidas ya que atrás quedaba el viaje de bodas para ceder el lugar al inicio de la vida matrimonial propiamente dicha, en una amalgama de actividad profesional y hacerse de nuevas amistades en un país extraño y sumamente diferente a México.

El trayecto que duró varios días, afectaba a Rosario que de náusea en náusea vio discurrir muy lentamente las largas horas que con toda seguridad le parecerían días.

Atrás quedaba la tibia brisa caribeña y muy pronto empezaron las frías ráfagas del viento del norte, que ni con cobertores soportaba Rosario, en contraposición a los europeos y americanos que, cómodamente recostados en los camastros de madera en cubierta, parecían felices y disfrutaban del viaje aún con el viento helado que se sentía.

Por fin, cuando la franja de la costa se divisaba, se escuchó la algarabía de los primeros que la vieron, llamando la atención de los demás viajeros.

La escena del frío otoñal en la bahía de Nueva York fue impresionante para ambos que eran recibidos por la Estatua de la Libertad. En tal ambiente grisáceo y frío de la época, sumamente contrastante con el cálido clima de unos días atrás, Rosario sintió una profunda tristeza que se disipaba ante el majestuoso escenario de los enormes edificios, ya visibles, que como mudos gigantes custodiaban a la "gran manzana".

Llamaba la atención al aproximarse al área de desembarque, el movimiento de gentes en los muelles, descargando mercaderías venidas de todo el mundo y más allá, como hormigas, atestaban los muelles destinados a

JOSAPHAT, ROSARIO Y LOS DOS HIJOS MAYORES,
JOSAPHAT II Y SERGIO.
ESTADO DE PUEBLA, 1930

los pasajeros que también llegaban de todos lados, gran parte de ellos, inmigrantes europeos que, huyendo de los horrores de la guerra y la cauda de miserias que ella dejaba, buscaban el famoso "sueño americano".

Las interminables filas de gente europea sumamente pobre, evidenciada por sus ropas raídas, cargando sus raquíticas pertenencias contenidas en modestísimas valijas y cajas apuntaban hacia los puestos de revisión sanitaria, soportando los maltratos y malos modales de los guardianes del orden y agentes de migración que con insolentes gritos conducían a esos pobres inmigrantes convirtiendo el escenario en una especie de pequeña Torre de Babel con vocablos griegos, turcos, italianos, armenios, polacos y de muchas naciones, que humildemente susurraban entre sí tratando de darse ánimos en su gran aventura de llegar a tierra extraña y dejar tal vez para siempre a la patria y a los suyos.

En contraposición, los viajeros de primera clase que llegaban como vacacionistas y mejor vestidos, eran tratados con mayor dignidad.

No en vano Josaphat siempre nos advertía que "como te ven te tratan".

Elegantemente vestido como siempre lo fue, traspasaron la barrera de la discriminación y la arrogancia sin dificultad alguna, indiscutiblemente apoyados por su status de viajeros temporales y la actitud relajada de un hombre exitoso que era él y que así se le percibía.

El sexto sentido de los guardias migratorios que detectan de inmediato las expresiones de angustia, pobreza y necesidad de los que entran en su territorio, les sirve para actuar con mayor crueldad y rudeza, como si disfrutaran con los más indefensos y pobres.

Ya adentro de la gran ciudad y viendo el bullicio y movimiento de muchas gentes de todas las razas y colores, en un interminable flujo hacia todas las direcciones, no pudo menos que sorprender a Rosario, cuya estupefacción no le daba paso libre a la felicidad que debiera.

Hacía falta asentarse y digerir con menos rapidez tantas y tantas sensaciones, todas ellas gratas pero sumamente intensas. Tal vez en aquellos momentos atravesaba por una etapa de aturdimiento que al paso de los días se iría disipando.

LA TÍA LULÚ, HERMANA DE ROSARIO.

Josaphat, un fotógrafo entre dos mundos

Las calles del centro se veían atestadas de vehículos de todos tipos y tamaños. Ahí mismo se conjuntaban las tres clases de transportación terrestre que ha ideado el hombre: tracción animal, combustión interna y hasta tranvías eléctricos, formando desde entonces colosales congestionamientos viales.

Más allá y desde una bocacalle se advertía el famoso puente de Brooklyn gigantesca estructura de granito que sobresale 84 metros de la superficie del agua del East River y que apenas en ese año de 1923, cumplía 40 años de edad y cuyo proyecto fue realizado precisamente por uno de tantos inmigrantes, que para bien de esa gran nación, volcaron un torrente de experiencia y conocimientos como fue el caso del famoso puente.

El arquitecto matemático, ingeniero constructor de puentes e inventor alemán, Hans Roebling fue el cerebro de esa magna obra, que aunque nunca la vio porque murió antes de iniciarla, la llevó a cabo su hijo Washington Roebling, dirigiendo a cientos de albañiles, artesanos y carpinteros, inmigrantes buena parte de ellos, y hacer de ese puente, uno de los símbolos de Nueva York.

Por fin llegaban al hotel en donde se alojarían por dos semanas antes de regresar a Veracruz.

Para ser el primer día y considerar solamente el trayecto del desembarco al hotel, fue mucho el ajetreo para Rosario.

Al otro día, era imperativo comprar ropa abrigadora porque las corrientes de aire frío así lo obligaban y era imposible soportar dos semanas con ese clima que estaba fuera del programa con las ropas que traía la pareja.

El otoño neoyorquino congelaba más que el invierno de Puebla.

De las primeras cosas que Josaphat hizo, fue acudir a saludar al director de los estudios fotográficos Clinedinst y a sus antiguos compañeros fotógrafos y para presentar a Rosario, su flamante esposa.

Ellos estuvieron encantados por volver a verlo y le dieron la bienvenida a Rosario, que no creían que fuera mexicana por sus ojos azules y tez blanca. Más bien pensaban que era de origen judío.

NOVIA DE PUEBLA. FOTO GALARDONADA CON MEDALLA DE ORO EXPOSICIÓN INTERNACIONAL DE FOTOGRAFÍA. ST. LOUIS MISSOURI.

El orgullo que sentía al presentar a Rosario y por lo tanto su manifiesta alegría, distaban mucho de la última vez que lo vieron cuando se despedía unos años atrás, deprimido y triste por su reciente viudez y la casi seguridad de ya no volver a aquel escenario de primerísimo nivel.

El que aparentemente mostró mayor satisfacción por el retorno del fotógrafo mexicano fue nada menos que el director de los estudios, quien, para sorpresa de todos, le advirtió de que ya no lo iba a dejar regresar a México cuando se enteró de que era sólo una visita de cortesía.

"Quiero que se haga cargo del estudio principal, el de la 5ª Avenida, como fotógrafo en jefe", le habría dicho.

"Si le soy útil al consorcio y aunque mi objetivo era retornar pronto a México, por supuesto que acepto".

"Es una gran distinción para mí y de esa manera, mi esposa tendrá la oportunidad de conocer mejor a esta gran ciudad y tal vez otras más", respondió, ante una boquiabierta Rosario que aunque no hablaba inglés, adivinó lo que pasaba interpretando el lenguaje no hablado de las expresiones.

La inmediatez de la aceptación se debía a que era bien conocido y codiciado ese puesto no sólo en lo económico sino por el status que ello significaba, codearse con las grandes figuras del mundo financiero, político, artístico y en general con los personajes más relevantes del momento.

Ser fotógrafo estrella del consorcio fotográfico Clinedinst, uno de los más prestigiados de los Estados Unidos, en el estudio de la 5ª Avenida, era un sueño para todos los fotógrafos con quienes él tuvo que competir, a veces con "patadas por debajo de la mesa", pero que a final de cuentas tuvo que imponerse la capacidad y el talento artístico.

Rosario iba de sorpresa en sorpresa de manera que todas esas experiencias tan intensas y con una sucesión tan rápida llegaron a su mente como avalancha de ideas que con seguridad todavía no alcanzaba a digerirlas en aquellos momentos.

Si de capacidad de adaptación se habla, Rosario saldría reprobada con muy baja calificación. Nunca soportó el calor ni frío extremos.

EL CAMPO MEXICANO COMENZABA A PRODUCIR. 1928.

Para qué hablar de la comida, que era tan escrupulosa, no sólo tratándose de limpieza, sino de los condimentos, y eran raros los platillos que aceptaba que no fueran aquellos de la comida mexicana.

Pronto vino el invierno y con él, las nevadas, totalmente desconocidas para ella, que años después, chicos nosotros, nos narraba con lujo de detalles del maravilloso espectáculo que presenciaba y que recordaba con nostalgia.

Él tomaba muchas fotos citadinas, inéditas algunas, que me han permitido "seguirle los pasos" a esa etapa neoyorkina.

Yo creo que le pasó lo que es muy común en los fotógrafos, que toman fotos de aquí y de allá y luego se olvidan de los negativos, para que años después alguien los "descubra" y al imprimir y procesar en el cuarto oscuro, encuentre uno cosas sorprendentes que le dan explicación a una serie de lagunas y enigmas.

Así pude descubrir que en esa etapa de transición, es decir, durante su viudez, salía con amigos y amigas, por lo que con toda claridad – y naturalidad- deduje que debió tener sus aventuras románticas.

También encontré la foto de una hermosa joven, que le dedicó una breve, pero amorosa dedicatoria, de tal manera que los que descubrimos algo, podemos narrar una secuencia de hechos y hasta nos podemos dar el lujo de "chismear" y cometer uno que otro pecadillo de indiscreción.

Ellos fijaron su domicilio en la calle 42 y como Rosario no hablaba inglés, podía al menos expresarse con algunas amistades portorriqueñas e italianas.

Tal como lo hizo Josaphat en su primera estadía en Nueva York, Rosario conseguía productos mexicanos para la comida y se daba el lujo de comer tortillas de maíz, picante y otras cosas de su gusto, así que en ese sentido se las ingeniaban para distraer sus fantasías gastronómicas.

No le gustaba que sus nuevas amigas fumaran tanto y le horrorizaba que no soltaran el cigarro ni para lavar vajillas y realizar las faenas domésticas.

GENERAL ARNULFO R. GÓMEZ.

Por su parte él era muy celoso y no se acostumbraba a la forma liberal y natural, no necesariamente maliciosa, de la sociedad americana, para echar piropos a las mujeres bonitas y menos los dirigidos a Rosario.

Para ella todo era novedad, estaba impresionada por el bullicio y actividad febril de la ciudad en que la gente, como si fuera un hormiguero gigante, invadían calles y edificios a la hora de entrar a las oficinas casi atropelladamente. Todo mundo de prisa, pareciéndoles no importar más que llegar a tiempo.

Los fines de semana solían pasear y conocer museos y parques. A él le encantaba ir al Museo de Historia Natural del que siempre nos relataba acerca de su gran tamaño y organización, lo bien montadas que estaban las galerías que podría uno jurar que los animales estaban vivos.

A Rosario le disgustó muchísimo que en una visita al zoológico, un león, con su peculiar chisguete horizontal, acertara a orinarla en plena cara, lo que provocó una involuntaria reacción de risa por parte de Josaphat, que después no hallaba cómo lavarla y liberarla de tan desagradable olor y sobre todo, cómo bajarle el coraje a Rosario.

Por lo demás, los meses transcurrieron de manera divertida e interesante, conociendo los lugares más atractivos de la ciudad y Josaphat sumamente complacido de actuar como guía de turistas en su tiempo libre.

Para el verano de 1924 Rosario empezó a mostrar los primeros síntomas de gestación, lo que provocó la gran dicha de él, que no hallaba de qué manera festejar tan grata noticia, además con la esperanza de tener un varoncito.

Siempre tuvo la ilusión de llevar a sus hijos al campo, en donde él siempre era feliz, sobre todo de caza, actividad en la que destacó.

La noticia de la gestación del primogénito, lo hizo reflexionar profundamente sobre qué hacer en el futuro. Debían decidir si quedarse en los Estados Unidos en donde les iba tan bien, o hacerle caso al gusanillo que ambos tenían por regresar a México.

Casi era una locura desperdiciar la oportunidad espléndida que la vida les daba por ser un inmigrante exitoso. Ya tenían sus amistades y eran muy

ROSARIO, LA TÍA LULÚ Y JOSAPHAT HIJO. PUEBLA, 1926.

ROSARIO E HIJOS EN TAXCO, ESTADO DE GUERRERO.

apreciados, por lo que era ya más soportable para Rosario, principalmente, la vida fuera del terruño.

Él era hombre de decisiones contundentes e irreversibles. No acostumbraba titubear y menos en asuntos trascendentes. Simplemente estudiaba en sus adentros las posiciones a favor y en contra, y en consecuencia, se definía.

Un buen día, con toda la formalidad le dijo a Rosario "nos vamos a México".

Ella que no cabía de gusto, no lo podía ocultar. Le encantó la idea sin entrar en los cuestionamientos o los porqués.

Nunca se confrontaba con él, cuyo estilo imperativo, mandón, era parte de su personalidad. Así fue toda su vida.

Rosario prefería otros caminos una vez que las aguas turbulentas llegaran a sus cauces naturales, ya más tranquilas.

Pero no se crea que Rosario era sumisa o bien, "clásica y abnegada mujercita mexicana" que se aguantaba todo. Simplemente era prudente y con su sabiduría y yo diría natural intuición femenina, siempre argumentaba que "en algunos de los dos debe caber la prudencia".

Sus dotes de "directora de la orquesta", los manifestaba con voz y trato suaves, de manera que en la casa siempre tuvo la virtud de encauzar la nave por ruta segura y serena. Sin gritos ni sombrerazos actuó siempre, magistralmente, como factor de equilibrio y siempre le dio a Josaphat su lugar de respeto en la escena y al hijo infractor las palabras enérgicas que el momento exigía, pero sin vulnerar nuestra dignidad ni el decoro.

Nunca nos trató de "niños chiquitos" y menos hablarnos como si fuéramos idiotas como suele hablársele cuando son pequeños.

Siempre nos trató como gente con raciocinio pero con gran amor del que ninguno de nosotros jamás dudó.

Él argumentó "querer que todos los hijos que Dios le mandara, nacieran en México y criarlos como se hace allá".

MÉXICO RURAL POCO ANTES DE LA GUERRA CRISTERA

Era un fiel admirador de muchas cosas de los Estados Unidos, pero en el terreno de la formación de sus hijos, prefería hacerlo a la mexicana.

CAPITULO VII
EL RETORNO AL TERRUÑO

Dejar Nueva York en las condiciones en que lo iban hacer, requería de una fuerte convicción y una gran capacidad decisoria, toda vez que sabían que era definitivo y que quizá con ello renunciaban a la mejor oportunidad, irrepetible, que la vida les había proporcionado.

Así las cosas y con un cúmulo de recuerdos, casi todos buenos y entrañables, vieron alejarse a la estatua de la Libertad y con ella a la gran ciudad que poco antes les abría los brazos.

Rosario, que siempre era fuerte en situaciones que así lo requerían, sintió rodar sus lágrimas ante la escena que le hacía recordar a sus amistades nuevas, que le brindaron el apoyo y la ternura que le consolaban en los primeros días de adaptación a su vida de mujer recién casada. Sabía que esa magnífica, efímera experiencia de amistad, ahí terminaba y que jamás volvería a encontrarse con esas gratas personas.

Nunca se imaginó que hasta echaría de menos, y con lágrimas, a aquella gatita que se había refugiado en su casa y que Rosario se maravillaba de lo cariñosa e inteligente y que su instinto de limpieza fuera tan marcado, que hacía sus necesidades fisiológicas en el sanitario del baño.

Todo se traducía a recuerdos y a una terrible nostalgia por aquello que irremisiblemente ya no podrían volver a ver. Sin embargo, empezaban a fluir las ideas del reencuentro con la patria y la familia, disipando poco a poco la tristeza infinita que les daba dejar todo lo bueno que encontraron en Nueva York.

DURANTE LA GUERRA CRISTERA ERA COMÚN OBSERVAR A GRUPOS ARMADOS DISPUESTOS A DEFENDER SUS CREENCIAS RELIGIOSAS.

Su llegada a Veracruz fue nuevamente impactante. El calor tropical, húmedo y bochornoso golpeaba de lleno en la humanidad de Rosario, que con su embarazo, acusaba mayores molestias. El contraste en cuanto al orden urbano era evidente.

Tuvieron la sensación de ver más pobre a la gente. Ya se habían acostumbrado a otro nivel socioeconómico. La guerra y las constantes zozobras políticas, hicieron el papel que les correspondía.

Aún así, el sentirse en México, borraba del escenario emocional cualquier sentimiento que no fuera la alegría de volver al terruño.

Era algo como decir: "Sí, veo la pobreza y el desorden, pero ¡qué bonito nuestro México!, ¡qué alegría de la gente! Cuánta sencillez de sus gentes y qué sonrisas al hablar o contestar cuando se les pregunta por algo o se les llama".

"Se percibe de inmediato el calor humano. Con todos sus defectos, pero ya estamos en nuestra tierra".

Y esa alegría fue en adelante la divisa de ambos, que, a medida que subían al trópico de altura, con esas cordilleras tan floridas y tan extensas, reavivaban más el espíritu y el entusiasmo por ver a los suyos, que con ansias los esperaban ya en la Angelópolis.

Con esfuerzos, pudieron los familiares reconocer a Rosario, que siempre fue lo que llamamos "rellenita". Ahora se presentaba en su tierra sumamente delgada.

Su hermana María Luisa, nuestra entrañable tía Lulú le habría dicho "como no vayas a tener un ratón, no veo de qué manera estés gestando a un muchacho", en alusión a su delgadez extrema. Siempre me ha sorprendido la forma de ser de los mexicanos, que en general no estamos capacitados anímicamente para separarnos de la familia y de nuestro hábitat, en el que obviamente, la comida ocupa un lugar preponderante.

Nuestra resistencia natural en aceptar los cambios profundos, es quizá uno de los elementos más representativos que tenemos.

Somos muy querendones con la familia y sus costumbres. No nos "hallamos" fácilmente fuera de México.

EL CAMPO MEXICANO Y SU GENTE EN LOS PRINCIPIOS
DEL SIGLO XX

Si ahora hay mucha migración de mexicanos en el extranjero obedece a la disyuntiva de las penurias económicas o la superación personal y familiar, pero basta platicar con ellos y tocar puntos de sensiblería acerca de sus parientes o del terruño que se dejó atrás, para provocar con facilidad las lágrimas.

Tal y como le sucedía a Rosario.

Ahora la alegría de estar nuevamente en familia era indescriptible para ella, que al verse rodeada de hermanos, primos y, fundamentalmente de Rosario grande, su adorada y vigorosa madre, que siempre inspiró en todos los que la conocieron y aún en los que no tuvimos esa dichosa oportunidad, el sentimiento de fortaleza y lealtad, sentía tener todo para ser feliz.

Por su parte, Josaphat en el terreno profesional se preparaba para recibir una avalancha de triunfos precedida por la fama y prestigio, indiscutibles, de ser un excelente fotógrafo.

La naciente sociedad de empresarios nuevos, prósperos por las oportunidades que se daban en la nación pacificada, abría también un nuevo escenario al ya famoso retratista.

Puebla, pilar tradicional de la industria textil, tomaba nuevos bríos ante las grandes necesidades de vestir a millones de desarrapados, que poco a poco se iban restableciendo económicamente y ya empezaban a comprar sus lienzos y telas para vestir.

Una sociedad arrasada por la guerra y por la miseria, veía por fin una lucecita al fondo de ese callejón de amargura y de violencia llamada Revolución.

El auge en algunos sectores de México era evidente, fundamentalmente en industrias como la textil. Puebla fue el objetivo migratorio de muchos grupos de gentes que huían de la guerra y la miseria de sus propias naciones y si bien México no salía todavía de su crisis, aquí se percibía la prosperidad como premio al esfuerzo y talento. En otros pueblos no se veían las rutas de escape.

ROSARIO CON SU HIJA ROSARIO III, PUEBLA, 1933

Así llegaron españoles, libaneses, sirios, alemanes, que enriquecieron con sus costumbres y conocimientos a una sociedad que ya estaba resuelta a salir adelante. Llegaron a terreno fértil.

De esa forma aparecieron talleres de maquinados y obreros calificados en diversas ramas de la industria, que aprovechando cualquier oportunidad que se les presentara, ascendían rápidamente los peldaños de la escala socio económica.

Resultaba interesante observar en Puebla la aplicación de diversas técnicas hasta entonces desconocidas, mejorando en muchos casos los rudimentarios procesos industriales que se venían realizando desde la Colonia.

Y no sólo eso, aquellos hombres pobretones, desaseados y con la amargura y miedo todavía en sus rostros sin afeitar, estragados por las hambrunas y la barbarie de las guerras que recién se libraron en sus países, pronto se convirtieron en obreros modelo, para dar el fenomenal salto después y montar sus propios talleres y fábricas.

Ahí estriba la grandeza de este México nuestro, de saber premiar el esfuerzo, el talento y la capacidad de todo aquel que se atreva a construir algo y que tenga fe en ello y sobre todo, entusiasmo y confianza en lograrlo.

Aquellos españoles que algunos años atrás llegaron calzando unas pobres "alpargatas", en poco tiempo empezaron a montar sus propios talleres textiles y de pronto ya eran capitanes de empresa, propietarios de importantes fábricas.

Pero eso sí, eran los primeros en llegar al trabajo y los últimos en salir. Algunos vivían en modestos apartamentos contiguos a sus fábricas para estar al pendiente de las operaciones, cuidando con todo esmero lo que no se da en macetas y que es producto del trabajo y constancia.

La sociedad de Puebla no solamente se enriqueció en lo industrial. Esos hombres de trabajo se casaron con muchachas poblanas y formaron una nueva generación que, como ha sucedido siempre en todos los pueblos a través de la historia, se entremezclan innumerables elementos que dan como resultado sociedades más fuertes y estables en lo cultural y tecnológico.

JOSÉ VASCONCELOS Y GRUPO DE INTELECTUALES.
PUEBLA 1928

SE INICIABA LA POLÍTICA CAMINERA DE MÉXICO 1930

Por eso es fácil comprender el orgullo de aquellas gentes por haber alcanzado en México un nivel socioeconómico de privilegio, impensable de lograrlo en sus propios países.

Ya convertidos en nuevos mexicanos, casados con mexicanas y con numerosos hijos, querían mostrarse ante propios y extraños como familias exitosas.

Fueron innumerables los casos de individuos que al salir de sus pueblos en Europa y Medio Oriente, eran considerados como irresponsables por hacerlo y hasta locos de remate por emigrar a México.

Ahora, a pesar de los intentos por desalentarlos y emigrando en medio de una nube de malos presagios y dudas, se presentaban ante sus familiares al otro lado del gran océano, como los hombres exitosos que sólo en sueños se veían llegar a la meta dorada.

Así era común que esas familias acudieran con Josaphat para sacar fotos de todos los tamaños y estilos.

Observar las fotos de la época nos revela, como las radiografías en la medicina, el aire de orgullo y satisfacción de esas familias.

Algo así como querer decir, en el lenguaje no hablado de las expresiones: "Aquí estoy con mi familia. Orgulloso de ella y de mis logros. He triunfado a pesar de sus vaticinios. Nomás mírenme".

El archivo de Josaphat nos muestra un gran flujo de esas familias desde el año de 1926 en adelante.

Esas fotos se enviaron a muchas partes del mundo, principalmente a España, Líbano, Alemania, Siria e Italia, en donde, con toda seguridad, cuelgan todavía de uno que otro muro de los recuerdos, o forman parte de las colecciones de fotos de tantas y tantas familias que las conservan como parte de su propia historia.

Además no era muy común, ni lo es en la actualidad, obtener fotos de un retratista tan galardonado como lo fue cuando regresó por segunda vez a Puebla, independientemente del propio prestigio que le era reconocido, traía

SERIE PUEBLA 30s

consigo varios premios internacionales que reafirmaban su calidad indiscutible:

Medalla de Oro y Diploma de Gran Premio, Exposición Mundial del Brasil, Río de Janeiro 1923. Medalla de Oro Exposición Universal, San Luis Missouri 1922. Medalla de oro Exposición Iberoamericana Sevilla, España 1930 Medalla de Oro. Concurso nacional de Arte México 1923. Segundo premio primer salón de Arte fotográfico México 1928.

El nacimiento del primer hijo de la pareja, vino a darle a Josaphat todavía mayor satisfacción y nada parecía atravesarse en su camino de éxitos y alegría por estar nuevamente en su tierra y ser reconocido por una sociedad sumamente exigente como tradicionalmente ha sido la de Puebla.

El poder ir nuevamente de caza a tantos lugares que ya conocía, acompañado de sus amigos, sus entrañables amigos que tanto echó de menos durante su estadía en Estados Unidos, era un motivo más de alegría en su vida y la ilusión de verse acompañado por su varoncito en unos pocos años más, tan pronto pudiera empuñar su escopeta calibre 410 de martillos, de fabricación belga que ya le tenía reservada, lo llenaban de felicidad.

Su afición por el campo era de llamar la atención, lo que conjuntaba con la fotografía, sacando excelentes fotos de los caminos, pueblos y rancherías a donde quiera que fuera y que hoy, como las fotos de los numerosísimos personajes que tomó por motivos profesionales y de trabajo, todavía las disfrutamos y nos solazamos viendo con detenimiento tantos detalles que escapan a la primera vista y que nos enriquecen el espíritu, imaginando otras épocas, quiénes serían esas gentes y qué estarían pensando en el momento en que Josaphat apretaba la perilla del obturador.

Es tan fascinante el mundo de la fotografía, que le permite al que de verdad la "siente", escudriñar las expresiones, los gestos de las gentes. Mirarles los ojos y hasta adivinar sus sentimientos.

¡Qué diferencia tan abismal entre sólo ver una foto o disfrutarla!

Tan pronto tuvimos conocimiento de las cosas, todos los hermanos recordamos a Josaphat admirando atardeceres o viendo cadenas montañosas interminables, explicándonos los planos en un escenario fotográfico, cómo capturarlos y hacer una obra interesante.

GENERAL LÁZARO CÁRDENAS, PRESIDENTE DE MÉXICO
1934-1940

Él fue la única persona que conocí capaz de detener el auto en lugar seguro a la vera del camino, sólo para admirar una puesta de sol o para ver el dorado baño de luz de algún atardecer, iluminando suavemente, con delicadeza, las laderas de una montaña, dando a los pastizales, entreverados con flores y espigas de plantas silvestres, un espectáculo sensacional, cortado abruptamente por alguna barranca, con otras tonalidades más oscuras y relieves contrastantes, formando el escenario perfecto para una gran foto y ser evocada por siempre.

Desde pequeños supimos el valor de la madre natura y aprendimos a admirarla y respetarla. No necesitamos cumplir los 80 años como dice Borges, para caer en cuenta de que "si se nos diera volver a vivir aprovecharía esa vida para admirar más atardeceres y más paseos por el campo".

Las fotos que nos dejó, tomadas durante sus paseos y excursiones, no sólo nos hacen disfrutar de los escenarios naturales espléndidos, sino que también podemos observar algunos pueblos y rancherías que mucho nos hablan del México del primer cuarto del siglo XX.

Asimismo, las gentes de esas localidades y lugares tan remotos y desconocidos, sus indumentarias y expresiones, nos permiten rescatar aunque sea algo, de nuestra propia historia.

El país, que ya parecía perfilarse definitivamente hacia la paz, volvió a violentarse.

La pretensión de Alvaro Obregón de regresar a la presidencia de la república después de un receso, una vez cumplido su cargo como presidente y después de un periodo en que retirado como un próspero agricultor en el noroeste, inquietaba el ambiente.

Siendo ya candidato a la presidencia, una vez que las cámaras de Diputados y Senadores aprobaron su reelección en medio de sesiones tormentosas, inicia su campaña política con una impopularidad generalizada y con dos contendientes políticos: El general Arnulfo R. Gómez y Francisco Serrano.

LÁZARO CÁRDENAS, PRESIDENTE DE MÉXICO 1934-1940 Y
SU ESPOSA AMALIA SOLÓRZANO, PUEBLA

Estos, tenían un plan para aprehender a Obregón e impedirle su paso hacia la reelección, pretendiendo a la vez llegar a ella mediante una contienda democrática.

Obregón, ambicioso como era, no podía entender lo que ello significaba y por eso se pretendía su captura.

Sin embargo, astuto como siempre, conoce del plan y decide adelantárseles aprehendiendo a Serrano en Cuernavaca con sus lugartenientes, asesinándolos a mansalva momentos después, en un paraje a un lado de la carretera a México, en el municipio de Huitzilac, Morelos.

Arnulfo R. Gómez correría la misma suerte poco después en Veracruz.

Obregón quería llegar a la presidencia sin enemigos al frente, como se estilaba en la época. A la mexicana.

Josaphat se impresionó mucho con esos crímenes pues conoció a esos personajes, habiéndolos retratado, y como en todos esos casos, es natural que el fotógrafo, durante el desarrollo de su trabajo, establezca un diálogo con sus clientes.

No recuerdo los conceptos que tenía sobre Serrano y Arnulfo R. Gómez, pero de Obregón decía que la inteligencia y la astucia casi silvestre, le emanaban no sólo por la mirada, sino hasta por "los poros".

Algunos años después, Josaphat y Rosario compraron una bella casa en Cuernavaca, en donde pasábamos las más lindas vacaciones que nos llenaban de felicidad a los ocho de familia que fuimos, seis hermanos y nuestros padres.

Pero cada vez que pasábamos por aquél paraje boscoso, en nuestro camino a Cuernavaca, y al regreso también, él nos señalaba unas cruces blancas en el suelo, oscurecido por enormes abetos – y quizá aún más por su significado – como el lugar en que Serrano y sus hombres fueron asesinados.

Los comentarios que hacía con Rosario, y el semblante de ambos, denotaban aún, muchos años después del suceso que se llevó a cabo en 1927, su indignación y pesadumbre por ese artero crimen.

PATIO COLONIAL, PUEBLA

Quizá esos asesinatos fueron la firma de sentencia de muerte para el mismo Obregón.

El descontento generalizado de un pueblo fastidiado ya de tanta arbitrariedad y de tanta sangre derramada, había llegado ya al nivel de repudio y cuando esto sucede, nunca falta alguien decidido a cortar de tajo el problema, que en este caso se llamaba Alvaro Obregón.

Al año siguiente, en Julio de 1928, durante un banquete en el restaurante "La Bombilla", en la ciudad de México, Obregón acepta que se le haga un retrato a lápiz por parte de un individuo inofensivo en apariencia, delgado, tímido, el que, mientras Obregón estaba posando muy confiado, le descarga varios tiros a bocajarro, muriendo en el acto.

Aprehendido el asesino de nombre José de León Toral, fue juzgado y ejecutado.

Estos sucesos conmovieron, claro está, a toda la nación, pero en la población subyacía la seguridad de que ya muerto Obregón, las cosas marcharían mejor porque ya se vivía una etapa con relativo orden, interrumpido acaso por las constantes amenazas de acción por parte del propio Obregón.

De alguna manera, México ya disfrutaba desde 1925 de cierta estabilidad financiera.

La aprobación de la nueva Ley General de Instituciones de Crédito y la posterior fundación de la Comisión Nacional Bancaria, le daban solidez y seguridad a la economía mexicana, que ya no estaba supeditada al albedrío o capricho presidencial.

Nadie mejor que Manuel Gómez Morín, el autor intelectual de estos logros, podría explicar su significado nacional:

"Después de tantos años de depresión económica, después de haber sufrido las consecuencias de una economía manejada sin concierto, la República empieza a ver claro su porvenir económico. La estabilización de un régimen político, la posibilidad de que este régimen organice una economía que en siete meses es ya más importante que la que el otro régimen organizara en treinta años, la eficacia con que esa economía se empleará en unos cuantos

GENERAL MAXIMINO ÁVILA CAMACHO.
GOBERNADOR DEL ESTADO DE PUEBLA 1937-1941.

días más para fundar el crédito público en México, las indiscutibles ventajas que se seguirán en el desarrollo del mercado de los productos nacionales con el hecho de que haya una institución que organice y controle el crédito, todo esto nos autoriza para pensar que México está en una nueva era de prosperidad económica".

Días después, el 1° de Septiembre, se realiza uno de los grandes logros del que nunca gobierno mexicano alguno pudo hacer realidad. Ni siquiera don Porfirio Díaz: La creación del Banco de México, banco único de emisión.

Con la estabilidad financiera y cambiaria, México daba otro paso firme hacia su reconstrucción y consolidación económica y política.

Así que los acontecimientos políticos que se dieron unos años después de estos avances, en cuanto a las estructuras de la economía, la nación pudo soportar los embates de violencia que interrumpían esa inercia de prosperidad.

Más bien el asesinato de Obregón pareció apaciguar los ánimos de las distintas fuerzas políticas y hasta provocar cierta tranquilidad en una sociedad mexicana, harta ya de tanta violencia y de políticos braveros que no la pensaban dos veces para asesinar a sus contendientes.

Josaphat y Rosario comentaban con mucha frecuencia del problema religioso en la época en que Calles era presidente. Como buenos católicos que eran, se sentían ofendidos por la persecución religiosa emprendida desde antes de Calles, aunque reconocían los excesos de ciertos grupos y siempre criticaron el fanatismo, que indudablemente provocó enfrentamientos con el gobierno federal.

Plutarco Elías Calles, siempre se supo, le tenía un odio patológico al clero y todo lo que olía a curas.

La llamada Ley Calles que reformaba el Código penal, incluyendo los delitos relativos a la enseñanza confesional y cultos, volvía obligatoria la inscripción oficial de los sacerdotes para poder ejercer su ministerio.

La respuesta de los obispos es inmediata pues anuncian la suspensión de cultos a partir del momento en que la Ley Calles entrara en vigor.

GRUPO DE EMPRESARIOS DE PUEBLA. 1932

Calles, lejos de atemperar la situación y bajarle un poco a la tensión que iba en aumento, advierte que no piensa suavizar las reformas y adiciones al código penal, pronosticando que cada semana sin ejercicios religiosos, haría perder a la religión católica el dos por ciento de sus fieles.

"Creo que estamos en el momento en que los campos van a quedar deslindados para siempre; la hora se aproxima en la cual se va a librar la batalla definitiva; vamos a saber si la revolución ha vencido a la reacción o si el triunfo de la revolución ha sido efímero", habría dicho.

Calles culpaba al clero de las desgracias de México, desde el virreinato y siempre lo vio del lado de los poderosos, de los opresores. Que los misioneros católicos nunca hicieron algo para auxiliar a los pobres durante siglos.

El lenguaje de Calles se vuelve cada vez más áspero y rudo al abordar el tema religioso, fundamentalmente cuando trata con los representantes de la jerarquía eclesiástica.

Es a tal grado de asfixiante el ambiente que se ha creado, que el representante diplomático francés Lagarde informa a su gobierno:

"De febrero a mayo el presidente, sobreexcitado por la actitud antipatriótica que atribuye al clero y que relaciona con la política amenazadora de Washington, actúa con extremado rigor, perdiendo toda moderación, no ve en la resistencia opuesta a la ley otra cosa que la obra de viejas beatas y de curas sediciosos".

"Calles se ha vuelto tan violento sobre la cuestión religiosa que ha perdido el dominio de sí mismo. Cuando se ha tratado el asunto en su presencia, su rostro se ha encendido y ha golpeado la mesa para expresar su odio y hostilidad profunda a la práctica religiosa", habría acotado otro testigo de estos hechos.

El alto clero de México llegó al grado de sugerirle a Calles, que se pasara por alto esta ley, algo así como Porfirio Díaz, que se hacía de la vista gorda con relación al culto externo.

Por supuesto que Calles no aceptó.

LA ACTRIZ LUPE VÉLEZ

El ambiente que se generó con esa actitud presidencial llegó a los extremos: El general Eulogio Ortiz fusila a un soldado por descubrirle un escapulario en el cuello.

Esta situación provoca en diversas regiones de México, sobre todo en el Occidente, una reacción armada que enfrentada decididamente a los soldados federales, le cuestan a la nación miles de vidas en las diferentes, encarnizadas batallas que se libraron.

Josaphat, que también conoció a Calles, nos relataba que su mirada era impresionante, penetrante, insensible y que correspondía efectivamente a un individuo que si bien, no mataba personalmente a sus enemigos, se mostraba imperturbable cuando estos eran asesinados sospechosamente por órdenes de él mismo.

Y si bien Calles veía como actos de fanatismo cualquier manifestación de catolicismo, por muy discreta y natural que fuera, como la misa dominical o la confesión y comunión, no tuvo empacho de acudir personalmente con un famoso curandero hasta Espinazo, Nuevo León, llamado o mejor dicho, apodado "El niño Fidencio", un charlatán al que todavía mucha gente le tiene fe, a pesar de que murió hace muchos años.

Por cierto cada año, en el mes de Octubre, pueden observarse caravanas interminables de autos y camiones repletos de gente que acude con los que se dicen herederos de las dotes de curandería de Fidencio, llamados "cajitas", formando una verdadera romería en esa localidad enclavada en los límites de Nuevo León y Coahuila, distante unos 90 kilómetros de Monclova, Coahuila.

Ahí se concentran miles y miles de gentes que llegan de lugares tan distantes como los estados de Colorado, Illinois, Oklahoma, en los Estados Unidos y de casi todo el norte de México, que, como Calles en su tiempo, buscan alivio a sus dolencias, en un acto de fanatismo, o ingenuidad e ignorancia.

Las contradicciones y caprichos de algunos presidentes de México en tercera dimensión. Los excesos del presidencialismo y el servilismo y abyección del aparato legislativo, que durante muchas décadas dejaron que los presidentes cometieran cuanta arbitrariedad se les antojara en detrimento de la soberanía y dignidad de un pueblo pisoteado.

SERIE PUEBLA 1928

El asunto religioso toma matices cada vez más subidos, que obligan de alguna manera la intervención del embajador de los Estados Unidos Dwight D. Morrow, quien ve como graves estos incidentes y redacta una carta de advenimiento que finalmente apacigua los ánimos.

Qué difícil para un país tener un sistema presidencialista tan radical. Soportar presidentes, que toda la vida incubaron rencores, frustraciones o ideas disparatadas, para que una vez en el poder, sin consensos, diálogos o debates, nos han querido imponer por capricho sus tesis, como si la nación fuera de su propiedad, confundiendo su papel de gobernantes con el de señores de horca y cuchillo, decisores de la suerte de un pueblo.

Josaphat y Rosario consideraron ridícula la postura de Calles de querer pretender la extirpación de la religión católica en un país que en más del 95 % la profesaba.

Ellos eran creyentes que siempre respetaron los principios y ordenamientos de su religión, sin ser católicos de "golpe de pecho" ni entrometerse con otros cultos. Pero no aceptaban injerencias de ningún tipo en asuntos religiosos, los que consideraban muy personales.

Sostuvieron siempre que Calles fracasaría en sus intentos, como al final sucedió.

CAPITULO VIII

LA PACIFICACION

Pues bien, una vez que el embajador Morrow le bajó el voltaje a esa tensa situación del conflicto religioso y ya "entrados en gastos", se dice que el propio Morrow, sabiendo de uno que otro brote de inconformidad por parte de los ex revolucionarios, fundamentalmente los militares que se quedaron

SERIE PUEBLA

en "el aire", los más peligrosos y que todos querían su rebanada del pastel, le propuso a Calles formar un partido político usando la palabra mágica de la "revolución".

El objetivo era aglutinar a tantos y tantos ex combatientes que anduvieron en "la bola" y que ahora a más de una década de que terminó la revolución por la que tantas expectativas políticas y económicas guardaban, no habían recibido nada y conformaban enormes legiones de famélicos desperdigados por todo el país, constituyendo una amenaza para el "orden post revolucionario" del que se disfrutaba.

Un partido político le daría juego a esa gente buscando posiciones como alcaldías, gubernaturas, diputaciones y senadurías con qué distraerse, mismas que obviamente, serían manejadas desde la cúpula del poder, premiando lealtades y sumisiones. La honestidad no jugaba ningún papel preponderante. Para ellos, moral siempre ha sido un árbol que da moras.

Asimismo, el proyecto de partido serviría para tenerlos a todos en un solo instituto político, amarraditos, como si fuera un enorme corral.

Así es como se dice que nació el PNR o Partido Nacional Revolucionario, abuelo del PRI actual.

Al paso de las décadas, hemos de reconocer que en su tiempo funcionó y le puso orden a los politiquillos gritones que amenazaban alborotar al país, aprovechando de paso el desasosiego que producía el conflicto religioso, que era urgente resolver.

Tan conformes quedaron con la idea de Morrow, que indiscutiblemente cuajó, que hasta le dedicaron su nombre a una calle de Cuernavaca, destino vacacional tanto de Calles como del propio Morrow.

Poco tiempo después, el sucesor de Calles, Emilio Portes Gil, hombre moderado puso fin a este añejo problema.

Me llama la atención de que cualquiera supondría que la economía nacional forzosamente tendría que haber sufrido si no un colapso, cuando menos una severa recesión por lo prolongado del asunto.

SERIE PUEBLA

Sin embargo, paralelamente al conflicto religioso, que tuvo mayores repercusiones en algunas regiones como el Occidente, las necesidades industriales que exigía el siglo XX, marcaban la pauta favoreciendo el desarrollo del país, incluso en el terreno de las exportaciones.

Así se empezaron a fabricar artículos diversos que requería el mercado nacional.

La industria textil, la del azúcar, la siderúrgica, requerían por ejemplo, de partes e insumos, algunos de los cuales se empezaron a fabricar en el país.

Los cultivos de algodón, henequén, café y cacao cobraban un auge considerable gracias a las exportaciones; productos muy apreciados en los mercados europeos.

En el terreno familiar, a Josaphat le iba muy bien a pesar de los vaivenes de la política nacional.

Su trabajo era muy apreciado, pues así lo demuestran sus archivos que acusan una gran afluencia de personas fotografiadas desde el año de 1926 en adelante y, como si fuera eso un indicador, puedo concluir que con esa gran cantidad de órdenes de trabajo, debió vivir una etapa de gran auge. Es difícil obtener datos económicos precisos de esa época en Puebla, pero habla con seguridad de la capacidad económica en términos generales, de una población con los suficientes recursos hasta para tomarse las fotos familiares, no exclusivamente de clase media, sino aún de gente más modesta, según se observa en los propios archivos, de acuerdo a la vestimenta y fenotipos.

Desde que regresó de Estados Unidos, fotografió a todas las legislaturas de Puebla, alcaldes, gobernadores y no se diga arzobispos y otros personajes de la jerarquía eclesiástica.

Así que el sector importante de la política constituyó una fuente de ingresos económicos para él y no solamente el de los empresarios.

Para su satisfacción, eran los políticos excelentes como clientes asiduos.

Casi todos, por no decir que todos, tenían aspiraciones políticas y gustaban de tomarse fotos en varias poses y mandar a hacer cantidades considerables

SERIE PUEBLA

para regalarlas a sus seguidores, que prestos a la adulación y al servilismo, no dudaban en colocarlas en sus oficinas y hasta en sus casas.

De paso, Josaphat era muy bien visto por los políticos de peso y aunque él detestaba la política y nunca pasó por su mente pedir favor o gracia alguna, pues no las necesitaba, era en Puebla una figura relevante de las artes gráficas, al que todo mundo respetaba y consentía, aún aquellos políticos y militares que tenían varias "crucecitas en las cachas de sus pistolas".

Por otro lado, sus conocimientos sobre armas y excursiones cinegéticas le daban un valor agregado como un gran conversador. Su valiosa colección de armas de caza, no por el número, pero sí por la calidad de ellas, era un tema recurrente con cuantos lo trataron en amenas charlas y que como él, dominaban esa área, sobre todo los militares.

En la casa familiar, dispuso de un área a su gusto, el salón de armas, con acceso prohibidísimo para todos nosotros, excepto cuando él estaba presente.

Sin embargo él nos enseñó desde pequeños el uso y cuidados de las armas, y creo que esas valiosas enseñanzas fueron fundamentales para conocer los peligros y saberlas respetar.

¡Qué atinado al enseñarnos todo eso!.

Ahí mismo, en ese salón, tenía su laboratorio para recargar sus cartuchos de escopetas.

Contaba con sus balanzas de precisión, pesando cuidadosamente y sin excederse miligramos siquiera, preparaba sus cartuchos con la pólvora, taquetes, municiones y fulminantes, quedando como de fábrica.

Posiblemente aprendió a hacer todo eso por las dificultades de la revolución y aún después, para conseguir municiones ya preparadas.

Solía llevarnos a todos desde chicos, a cazar conejos y liebres, responsabilizándonos de nuestras propias armas que nos asignaba, proporcionales a nuestro peso y edad.

Para ello nos exigía armarlas en su presencia y ¡nunca apuntando a alguien!

SERIE PUEBLA

Si alguien quisiera llevarse un "coscorrón" inolvidable, de los que de verdad duelen, no tenía más que contravenir sus indicaciones. Todos recordamos que por ese concepto jamás recibimos más de un "coscorrón".

Después de esas memorables excursiones y habiendo llegado a casa, sin importar la hora y el sueño, las más de las veces ya entrada la noche, teníamos que sacar las armas de sus bien diseñadas cajas, forradas con tela de fieltro y limpiarlas y aceitarlas, habiéndose usado o no. Ahí no había "clemencia" ni discusión. Eran órdenes casi, casi militares.

Ese rigor y particular escrúpulo de Josaphat acerca de las armas, me sirvió aún siendo niño, o mejor dicho a mí hermano, para salvarle su propia vida.

Resulta que de visita en casa de un vecino y amigo, en un determinado momento, éste trepó al ropero de la habitación de sus padres y bajó un rifle calibre 22, lo que tenía como un tesoro secreto.

Nosotros, mi hermano Roberto y yo, seguramente por lo que ya conocíamos de las armas, encendimos nuestros propios focos rojos de alarma y nos pusimos en guardia.

Al momento que nuestro amigo, al mostrarnos el rifle, lo hizo encañonando a mi hermano, al tiempo que le decía "qué tal que fueras un venado", apuntándole a la cabeza, por lo que yo alcancé a levantar súbitamente el cañón, diciéndole "¡no seas pendejo!", se oyó la detonación, que dentro de la casa parecía el estruendo de una bomba.

El proyectil pegó en un rincón, rebotó en el techo y de ahí le pegó al espejo del tocador, que explotó en mil añicos ante la cara de estupor de los tres y el olor a pólvora.

A mi amigo le dieron sus padres en cuanto se enteraron del suceso, una paliza inolvidable y mi hermano y yo comentamos después, que la paliza debía ser por partido doble, al amigo y a su propio padre por haber dejado cargado el rifle, que estuvo a punto de provocar una tragedia de esas que llenan a ocho columnas las páginas de la nota roja de los diarios, de vez en cuando, en todo el mundo

SERIE PUEBLA

CAPITULO IX

LOS HIJOS DE LA REVOLUCION

Regresando nuevamente con Josaphat, allá por los años 30's, el militarismo en México estaba presente en el escenario político.

Lázaro Cárdenas aparecía cada vez con más fuerza. Había destacado en la Revolución. Su camino fue fácil hacia la gubernatura de Michoacán. Al país habría que manejarlo con mano dura y qué mejor que echar mano de los militares revolucionarios para ocupar alcaldías, gubernaturas y toda clase de puestos de la burocracia, pagándoles de paso la factura por sus servicios prestados en beneficio del primer movimiento social armado del siglo en el mundo.

El fenómeno fue común en el país entero no sólo con relación a las posiciones políticas. Del mismo modo surgieron grandes hacendados y rancheros acaudalados.

Enormes extensiones de tierras pasaron durante la lucha armada a manos de los militares pues ¿quién les iba a impedir posesionarse de ellas a individuos armados, con hombres y jerarquía militar?

Algunos ranchos estaban abandonados y aunque no lo estuvieran, bastaba con que le gustara a alguno de los muchos que con poder, las podía arrebatar con suma facilidad.

Así surgieron por doquier grandes fortunas, producto del pillaje o simplemente de tomar lo que estaba ocioso o abandonado y de pronto se encontraron nuevos ricos, algunos totalmente analfabetos, pero con una fina vocación empresarial. O de bandidaje, simple y llanamente.

De ese modo se generaron numerosos cacicazgos, nefastos para el país aún por muchas décadas, cuando se conjuntaban ignorancia, ambición y fuerza. Así nacían los caciques, cuyo lema de "aquí nomás mis chicharrones truenan", es ampliamente conocido en México.

SERIE PUEBLA

Esos tipos decidían todo en sus respectivas comunidades. Lo mismo ponían y quitaban a los funcionarios públicos, que controlaban la producción, distribución y comercialización de frutas, granos o lo que se produjera en los campos agrícolas.

Asimismo, cualquier litigio o controversia que hubiere y que pudiera afectarlos, recurrían a lo que ahora conocemos como "fast track", es decir, mandando asesinar a sus oponentes sin el menor recato.

La manera de arreglar ciertos asuntos desde la revolución, no obedecía necesariamente al uso de la razón o el sentido común, ni mucho menos a cuestiones morales.

Los métodos empleados caían en el terreno de la tragicomedia, mismos que fueron trasladados como herencia maldita, en algunos casos, hasta nuestros días, fundamentalmente en los estados y pueblos más atrasados del país.

Manuel Gómez Morín, joven y brillante funcionario de los gobiernos de Obregón y de Calles, gran ideólogo e impulsor de instituciones que le dieron empaque al país, como el Banco de México y a la postre, fundador del Partido Acción Nacional unos años después, nos define el estado de cosas que se vivían con el desorden de la revolución y paralelamente con el de los cacicazgos.

Gómez Morín quería esclarecer la revolución, purificarla, reducirla a la idea y se sentía depositario intelectual de la misma. A él le toca vivir la destrucción, el desmoronamiento de un régimen y la lucha intensa, sin piedad, en la construcción de otro. Así lo describió: "Epoca en que los salones servían de caballeriza, se encendían hogueras con confesionarios, se disparaba sobre los retratos de ilustres damas científicas, y la disputa por la posesión de un piano robado, quedaba resuelta con partirlo a hachazos lo más equitativamente posible. La época en que se fusilaban imágenes invocando a la Virgen de Guadalupe. En que, con el rifle en la mano soldados pedían limosna".

"El mismo funcionario que decreta la muerte para el soldado ladrón de una gallina, se enriquece en el puesto y no vacila en mandar asesinar a su amigo".

Denunció la improvisación lacerante y escribió en 1919 "en nuestro país todo es fruto de la improvisación".

SE INICIABA EL TRANSPORTE CARRETERO
MÉXICO-PUEBLA. 1929

PANORÁMICA DE PUEBLA 1928

"Los políticos y los administradores, el ejército y los gendarmes, las leyes, los caminos, los sabios, las lecherías, los ferrocarriles, los paseos, los héroes, los cantantes, los fenómenos meteorológicos".

"Somos esencialmente improvisadores, notablemente improvisadores".

"Por eso las cosas en México están como están, casi todo es improvisado, defectuoso, vulgar, nunca definitivo".

A esa manera de hacer las cosas y concebir el escenario nacional de la época, exageración o no, mucho había de ello, a lo que se tendría que añadir todavía, como parte de esa herencia, la actitud de los vencedores, que sentían que lo que se disfrutaba de paz en México, se debía precisamente a ellos y nada más que a ellos.

De algún modo subyacía en sus primitivas mentes el concepto de que la nación, con todo y habitantes era de su propiedad, al menos lo que proporcionalmente les correspondía de acuerdo a la demarcación de sus territorios de influencia, en sus propias comunidades.

Atrás quedaron los principios de justicia social y democracia, tan cacareados, y tan productivos políticamente hasta casi finales del siglo XX.

Bien pronto se olvidaron del significado moral del "sufragio efectivo, no reelección", pilares indiscutibles de la lucha fratricida que le costó a México más de un millón de vidas.

Ya no había jefes políticos porfirianos pero se multiplicaron los caciquillos por todos los rincones de México, que como monstruitos, estorbaron la evolución social y el desarrollo económico, que pudieron ser naturales, libres y acordes al concepto moderno de nación, que era a lo que aspiraban el pueblo mexicano y los ideólogos limpios de la revolución, que sí los hubo.

Uno de los cacicazgos más representativos fue el de los Ávila Camacho en Puebla.

PASEO DOMINICAL, ROSARIO E HIJOS

Militares de carrera, los hermanos Ávila Camacho, con la bendición de Calles y ahora de Lázaro Cárdenas empezaban a figurar con gran fuerza en el estado.

Cárdenas, una figura ya consolidada por sus acciones como revolucionario, gobernador de Michoacán y como jefe de operaciones militares en el Istmo, tenía una gran relevancia e influencia.

En Noviembre de 1932, Cárdenas se hace cargo de la comandancia militar de Puebla.

Esa estadía le sirvió de paso para favorecer el reparto ejidal en Atencingo, la enorme extensión productora de caña de azúcar, que fuera propiedad del magnate norteamericano William Jenkins.

Es muy probable que en este tiempo, su relación con los Ávila Camacho, Manuel, Maximino y Rafael se haya fortalecido.

Fue entonces que los Ávila Camacho inician una relación profesional con Josaphat.

Uno a uno, posan para su cámara como ya lo había hecho Jenkins y poco después lo hizo Cárdenas, aunque éste no en fotos de estudio sino a caballo y en otra interesante y no muy común foto, dominando a pie a ese magnífico equino, pero acompañado de doña Amalia Solórzano, su esposa.

A los militares les encantaba retratarse con sus uniformes de gala y como he dicho, regalar fotos por docenas, autografiadas en muchos casos, las que eran conservadas como un verdadero trofeo sobre todo por sus familiares y obviamente toda suerte de seguidores o admiradores, rayando en la lambisconería.

En contrapartida había quienes las recibían a secas, tomando en cuenta que el general, coronel o lo que fuera, era un revolucionario y con poder. De manera que abiertamente no la rechazaban, pero hubo quien se preguntara a sí mismo: ¿Y yo qué hago con la foto de éste cabrón? Si era un desalmado.

Pero tal y como sucede ahora y siempre, había que guardar las formas simplemente por razones de salud.

SERIE PUEBLA

A finales del siglo XIX y cuando menos durante el primer tercio del siglo XX, era una costumbre muy generalizada regalar fotos autografiadas con dedicatorias muy solemnes y con gran formalidad, independientemente del romanticismo desbordante, que ahora a un siglo de distancia, resulta una delicia leerlas y guardarlas como piezas de museo, aquellas intercambiadas por los enamorados.

Esa costumbre, por supuesto, debió de ser muy grata, fundamentalmente para los fotógrafos de la época.

Y por supuesto para Josaphat también lo fue.

Ellos se empezaron a fotografiar con él como tantos militares de la época, que eran ante los ojos de la sociedad mexicana, los triunfadores, los vencedores en esa guerra llamada Revolución.

Sin embargo, entre los Ávila Camacho, Maximino era al que más le gustaba retratarse y por lo tanto el que con mayor frecuencia iba al estudio y tenía comunicación con Josaphat.

Maximino era un hombre temible aún antes de ser gobernador de Puebla. A él no había quien se le pusiera enfrente o lo contradijera porque ya sabían las consecuencias: Les podían aplicar el ya mencionado "fast track" con la mayor tranquilidad y no volver jamás a ver la luz del día.

Así que tratar con Maximino era una cosa seria. Como andar en el filo de la navaja y en cualquier actividad.

Un roce cualquiera y en el momento inapropiado, pudiera ser tan saludable como a un pavo en vísperas de Navidad.

La gente, además de esas "virtudes", lo consideraba como un gran mujeriego, lo cual no tendría mayor relevancia con excepción de que para él no existían limitaciones de ninguna clase.

Si le gustaba una mujer casada, no se detenía hasta lograr su objetivo, por la vía del terror, la amenaza o por la que fuera necesaria.

No se diga con las solteras o no comprometidas. Casi siempre lograba sus propósitos por las buenas o por las malas.

SERIE PUEBLA. 40s.

Bueno, al fin esos son los comentarios de quienes lo conocieron. "Vox populi, vox Deus".

Así mismo, se decía que los conatos de huelga se solucionaban con la amenazadora presencia o intervención de Maximino, siempre a favor de donde él se "canteara", con argumentos legales o no. Su contundencia resultaba indiscutible.

Y sin embargo, a Josaphat siempre le prodigó un trato preferencial y de gran respeto y afecto.

Le encantaba retratarse con todas las indumentarias posibles y con seguridad, las fotos cumplían con todos los requisitos para satisfacer sus exigentes y narcisistas gustos.

Llegaba a tal extremo, que ocasionalmente le solicitaba una sesión fotográfica exclusiva en el estudio.

Para ello era preciso cerrarlo prácticamente a su clientela y dedicarle la tarde entera a Maximino.

A la hora convenida, llegaba puntualmente una camioneta tipo tintorería, que era estacionada en los bajos del estudio, un patio revestido de baldosas de piedra de color gris oscuro, muy común en las banquetas de Puebla.

De ahí bajaban el chofer, guarura y el valet de Maximino, que presto abría las portezuelas posteriores de la camioneta, permitiendo así ver el interior. En la parte superior, colocados dos tubos, fijados a la estructura metálica de la caseta y de ellos, colgando en perfecto orden, una gran cantidad de trajes cuidadosamente doblados en sus respectivos ganchos de ropa.

Algunos minutos después, llega un lujoso Packard negro, del que descienden dos guaruras, militares armados hasta los dientes, abriendo uno de ellos la portezuela de atrás, mientras el otro cubre al personaje que se apresta a descender del vehículo, que es nada menos que Maximino.

Rápidamente se internan en el viejo edificio, parte del patrimonio cultural de la humanidad, que es el rango de la ciudad de Puebla, y abordan las

SERIE PUEBLA

escaleras, al final de las cuales, los recibe Josaphat, elegantemente vestido con su bata blanca de trabajo, pulcrísima y contrastando con su corbata en color azul oscuro, ornamentada con un fino fistol de oro, que le daban una gran distinción.

"Bienvenido, general. Lo estamos esperando ".

"Buenas tardes, don Josaphat, aquí me tiene".

Una vez que intercambiaron los saludos de rigor, pasaron el salón del estudio para iniciar la sesión, rodeados de reflectores y bastidores corredizos, éstos últimos pintados con diversos temas, simulando, libreros, arbustos, floreros, etc. Y colocarlos según el personaje, de acuerdo al certero "ojo clínico" de Josaphat.

El valet de Maximino ya estaba aguardándolo con los dos primeros trajes y Josaphat dio órdenes terminantes de que ni por equivocación se le ocurriera a cualquiera de mis cuatro hermanos meterse en el salón, o asomar siquiera la nariz.

El deseo de privacidad absoluta de Maximino era muy fácil de interpretarse y Josaphat, avezado en estos menesteres, ya había dado sus severas, incontrovertibles e irreversibles órdenes en tal sentido.

Pero como suele suceder en estos casos, en que tanta reserva y restricción, para un muchachito de acaso ocho o diez años, eso pueda ser un gran atractivo, como las abejas a la miel, que uno de mis hermanos, Sergio, arriesgándose a una severa reprimenda al estilo de Josaphat, contravino las tajantes órdenes y como un espía profesional, se dedicó a hacer lo suyo, de manera que lo que aquí cuento es producto de su narración muchos, muchos años después, pero los detalles hasta de qué hablaron y cómo vestían, fueron para él escenas imborrables.

"Las primeras tomas las quiero vestido de cordobés".

"Claro, general, usted decide el orden".

De inmediato el valet procedió a desvestir a Maximino con todo cuidado y eficiencia ante los ojos atónitos de mi hermano, que ignoraba la

SERIE PUEBLA

existencia y el significado de un valet. Nunca imaginó en su mente infantil que alguien necesitara de otro para vestirse o desvestirse.

Pero en donde poco faltó para que saltasen sus escrutadores cuanto infractores ojos, fue cuando el valet, con toda naturalidad y profesionalismo abotonaba y desabotonaba la bragueta del general, que sin pestañear, dejaba a su asistente cumplir con su encomienda.

"Ahora don Josaphat, quiero unas tomas en smoking".

"Por supuesto general, como guste".

Para eso el valet bajaba de inmediato con los trajes "fotografiados" y tomaba otros tantos, seguido de cerca por mi hermano que no perdía un solo detalle.

"¿Qué le parecen ahora unas en traje de golfista?".

"Muy bien general, se ve usted muy bien".

Y dale con las tomas, de golfista con aire muy británico y moderno.

"Ahora en traje de charro" con su sombrero de lujo, hecho especialmente para él.

"Ahora otras fumando pipa y de perfil".

"Quiero unas con mi indumentaria de militar de gala"

"Claro, general, para eso estoy".

Y así sucesivamente transcurrió la tarde, con un valet jadeante por tanto subir y bajar las empinadas escaleras y un salón de sesiones fotográficas, que tantos reflectores permanentemente encendidos, hacían sudar tanto al fotógrafo como al personaje. Y posiblemente al mirón también.

Poco tiempo después, al presentar las pruebas para recibir las órdenes de trabajo, en el propio palacio de gobierno, era sorprendente escuchar del propio Maximino la cantidad de fotos que mandara hacer.

SERIE PUEBLA

"Me encantan estas en traje militar de gala, hágame por favor unas 20 docenas grandes en 11 X 14 y de éstas más grandes, 16 X 20, unas 5 docenas".

"Mire qué bien quedaron éstas en donde estoy de sport con suéter en V, por favor unas 10 docenas también en 11 X 14".

Y así por el estilo se las gastaba el buen Maximino, haciendo trabajar horas extras a Josaphat y Rosario, que al ver el alud de trabajo que se les venía encima, ella siempre estuvo a su lado imprimiendo y revelando en sesiones nocturnas, que culminaban a las dos o tres de la madrugada, programadas durante semanas, hasta terminar todas las fotos ordenadas, que a veces rebasaban las mil.

Era Josaphat tan detallista en sus trabajos, los que realizaba a la perfección, que nunca confió en alguien para que se los hicieran a manera de maquila, e indiscutiblemente en ello radicaba parte de su éxito como fotógrafo: el trabajo personal.

Después de que Maximino fue gobernador de Puebla, pasó al gabinete de su hermano Manuel, en calidad de Secretario de Comunicaciones.

Atrás quedaron las administraciones federales de Abelardo Rodríguez y de Lázaro Cárdenas.

Mientras tanto, Josaphat, fiel como era para cumplirse sus propios gustos y caprichos, solía ir de caza a diversos lugares del estado de Puebla y en ocasiones llegaba hasta algunas zonas de los estados vecinos de Guerrero y Oaxaca, lo que era una verdadera proeza tomando en cuenta los caminos de terracería y veredas casi inaccesibles para llegar a aquellos lugares que ahora, a casi un siglo de distancia, nos parecen cosa de risa, considerando los diversos ramales carreteros bien pavimentados y las autopistas que ya podemos disfrutar.

Sin embargo, los que hemos tenido experiencias en transitar por algunos caminos primitivos en donde circular a 5 o 10 kilómetros, por hora en determinados tramos es ir demasiado aprisa, podemos entender lo que significaban distancias de 300 o 400 kilómetros en tales condiciones.

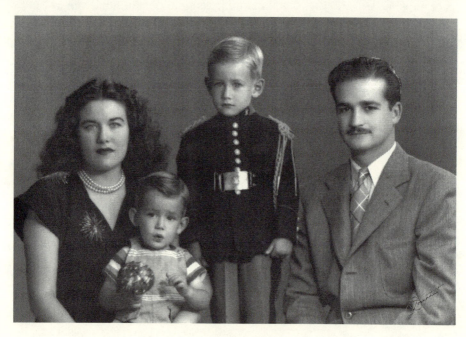

SERIE PUEBLA

Esa actitud de Josaphat, con un ejemplo irrelevante en apariencia, refleja su carácter tesonero, firme, decidido, al fin y al cabo del signo Escorpión que fue el suyo, de quienes se dice en verdad que así son.

Otras veces salía con la familia a los pueblos vecinos, para disfrutarlos con las cosas propias que ellos encierran en sus tradiciones, encantadoras como todavía lo son, fundamentalmente para los citadinos que a veces nos olvidamos de que gran parte del sentido de la vida, lo podemos encontrar con facilidad en las cosas más sencillas como observar callejuelas y gentes que con su humildad y costumbres diferentes las disfrutamos y nos regocijamos con solo verlos.

Él, además de haber sido un excelente marido y padre, fue –algo no muy común- un magnífico yerno.

Disfrutaba de aquella viejecita, Rosario grande, porque no había salida de paseo de ese tipo en que no los acompañara, por el propio gusto e insistencia del yerno.

Como es natural, en aquellos paseos dominicales, gustaba de comprar algunas cosas de comer como frutas, quesos, crema y otros productos de manufactura casera que encontraban en los pueblos y rancherías por donde pasaban.

En una ocasión, poco después de uno de aquellos paseos, Rosario grande, aquella recia viejecita, empezó a acusar intensos dolores corporales, sobre todo en las articulaciones, acompañados de fiebre muy alta que la postraron en cama.

El diagnóstico del eminente médico Fausto Vergara, reconocido hombre de ciencia de Puebla, fue lacónico además de certero: "La señora tiene fiebre de Malta".

La temible fiebre ondulante o brucelosis, como también se le denomina a este padecimiento, atacaba sin misericordia a la enferma.

Al igual que la tuberculosis, en aquella época ya se podía diagnosticar con métodos absolutamente científicos e indubitables, pero

SERIE PUEBLA

desafortunadamente no se conocían las prácticas terapéuticas eficaces no obstante de que en México se hacían investigaciones de vanguardia mundial a cargo del doctor Ruiz Castañeda, gloria de la ciencia mexicana que desde entonces ya mejoraba los métodos de diagnóstico por aglutinación y precipitación, logrando avances importantísimos en el conocimiento de la temible enfermedad, pero no se llegaba aún al tratamiento curativo de la misma.

El nombre de fiebre de Malta se debe a que fue diagnosticada por primera vez en la Isla de Malta en 1887 en unos militares ingleses que ingirieron leche de cabra contaminada sin hervir y enfermaron.

La denominación de fiebre ondulante se debe a que la fiebre sube y baja varias veces en el curso del día.

Es producida por una bacteria que se encuentra en los bovinos y caprinos infectados, fundamentalmente, y es eliminada por la leche, afectando generalmente a los que la toman sin hervir o pasteurizar, o por consumir quesos, cremas y otros productos lácteos en esas condiciones.

La más temible es la de los caprinos, Brucella Melitensis, por su alta virulencia, comparativamente hablando, que la bovina, Brucella abortus, aunque hay otra menos común cuyos portadores son los porcinos.

Indiscutiblemente Rosario grande fue atacada por la variedad caprina a través de los quesos pueblerinos y fue tanta la virulencia de la cepa infectante que hasta el doctor Fausto Vergara enfermó por el manejo tan estrecho con la enferma.

Por más inyecciones que la hija Rosario le aplicaba a su madre a base de una solución arsenical con la que se intentaba en la época tratar a la enfermedad, todo resultaba inútil.

Decía Rosario con jeringa en mano a su madre: "Ya llegó tu verdugo otra vez madre mía", a lo que respondía la viejecita: "Si por vivir fuera hija, no te preocupes del dolor por tantas inyecciones. Adelante".

Unas semanas después Rosario grande y el doctor Vergara volvían a reunirse pero ésta vez en el panteón municipal de Puebla, víctimas ambos de la implacable brucelosis.

SERIE PUEBLA

Muchos se preguntarán, ahondando en el tema, por qué solamente, como en este caso, se enfermó Rosario la grande y nadie más, ya que es improbable que aquel queso o porción de crema lo haya consumido exclusivamente ella.

La respuesta a este enigma del maravilloso mundo de las ciencias biológicas bien puede residir en que los demás, tuvieron a través de sus vidas un contacto "suave" pero constante con alguna de las brucellas, generando poco a poco anticuerpos que actuaron como una sólida barrera defensiva, algo así como si hubiesen estado vacunados de una manera natural y por ello no enfermaron.

CAPITULO X
LA ESTABILIDAD

El país apenas se reponía de las consecuencias económicas de la expropiación petrolera. Josaphat siempre aplaudió la valentía y decisión de Cárdenas para poner en su lugar a las compañías petroleras, sobre todo a las inglesas que, con su insolencia y tratos despectivos hacia el gobierno mexicano, no dejaron otro camino.

Tanto Josaphat como Rosario lamentaron sin embargo, que PEMEX fuera algo así como la madriguera de la corrupción a lo largo de lo que les tocó de vida y siempre soñaron con una patria manejada con honestidad.

Sintieron que la expropiación era obligada, necesaria para salvaguardar la dignidad nacional vulnerada por la actitud arbitraria y la arrogancia de las compañías transnacionales, pero que en algo debiera beneficiar al pueblo de México, cuya única satisfacción radicaba en saber que la riqueza petrolera había pasado de manos extranjeras a manos mexicanas.

Ellos querían, como todos, que esos valiosos recursos no fueran pretexto para que al invocar una justificación nacionalista, sirviera ésta para

AEROVÍAS GUEST, MÉXICO- MADRID EN EL "INCREÍBLE TIEMPO DE 36 HORAS". MÉXICO, D.F. 1949.

que algunos políticos sin escrúpulos, medraran con la riqueza petrolera cobrando sus cuotas de poder.

En aquel entonces, el mundo se acercaba a la guerra y ya se presentía que cualquier chispazo podría provocar un estallido de proporciones catastróficas.

Las amenazas de Hitler y el armamentismo que se observaba en Alemania, sustentaban ese temor en todo el orbe.

En México no obstante nuestras ancestrales carencias, se respiraba un aire de libertad y trabajo.

La producción agrícola era suficiente para alimentar a la población y las grandes extensiones agrícolas de Sonora como productoras de granos y la Laguna en Coahuila producía algodón hasta para la exportación.

En México triunfaba Rodolfo Gaona el gran torero mexicano, "El Califa", a la postre gran amigo de Josaphat.

El cine mexicano, así como la música de este país, iniciaban espléndida etapa que desembocaría en lo que se llamó "la época de oro".

Todavía muchas gentes andaban descalzas y el porcentaje de analfabetismo era muy alto, pero se sentían libres y no les faltaba de comer.

El país ya había recibido contingentes muy considerables de refugiados españoles que huían de los horrores de la guerra civil que de paso, enriquecieron las ciencias, las artes y la cultura de su país anfitrión que generosamente les abrió con maravillosa oportunidad los brazos.

Josaphat recibía entonces noticias de conocidos y clientes, ya fuera de manera directa o a través de familiares radicados en Puebla, de españoles, franceses, alemanes e italianos que daban cuenta de la situación económica y política que se vivía en sus países y en Europa en general, y que era muy preocupante.

No sólo la tensión política era evidente, como preludio de la gran guerra que se veía venir, sino además, la pobreza y la escasez de alimentos y de trabajo, hacían más dramática su situación.

EL COLEGIO HUMBOLDT DE PUEBLA DURANTE LA
SEGUNDA GUERRA MUNDIAL.
KÍNDER 1944

Alemania, por ejemplo, acababa de sufrir una etapa súper inflacionaria que había empobrecido al extremo a su población, que no se reponía aún de los estragos de la Primera Guerra Mundial y ahora que veía una economía sólida, enormes recursos se gastaban con fines militares y para nadie era un secreto la política expansionista y beligerante de Adolfo Hitler.

Las persecuciones en contra de los judíos mantenían en zozobra a toda Europa, así como el propósito de Hitler de anexionarse los territorios considerados como arios, que seguramente afectarían el orden europeo establecido, para engullir prácticamente gran parte de Polonia y Checoslovaquia.

El propio Hitler habría establecido que "ningún pueblo sobre la tierra posee un palmo de su territorio por gracia de una voluntad divina o de un derecho divino. Las fronteras de los estados las crean los hombres, y ellos mismos son los que las modifican. De igual modo que nuestros antepasados no recibieron como un don del cielo el suelo sobre el que vivimos sino que lo conquistaron con riesgo de sus vidas, así también, no por graciosa donación obtendrá nuestro pueblo en el futuro el suelo – y con él la seguridad de subsistencia -, sino únicamente por obra de una espada victoriosa". La cita corresponde a su obra "Mein Kampf".

Él mismo proclamaba desde 1924 el derecho de Alemania a la conquista y anexión de territorios ajenos. Esperaba encarnar aquella espada victoriosa que consolidaría en el mundo la quimérica supremacía de la raza aria, a la que prometía mil años de paz.

Por fin, en el año de 1939, con la invasión de las tropas de la Wehrmacht a Polonia, se iniciaba la esperada, aunque no deseada Segunda Guerra Mundial.

Ese mismo año Josaphat y Rosario completaban su familia con el nacimiento de su sexto y último vástago que a mí me tocó ser.

Con lo que la pareja ya tenía cinco varones y una niña.

Precisamente ese día Josaphat andaba de caza con sus amigos y sus perros de raza Beagle en uno de sus "cotos" preferidos en la zona limítrofe de los estados de Puebla y Oaxaca.

SR. WILLIAM JENKINS. PUEBLA

Ya de regreso los sorprendió la noche y en el centro de la carretera, divisaron los cazadores un bulto, que al detenerse y examinarlo, resultó un costalito lleno de frijoles negros y además una pierna de cerdo.

Josaphat tomó aquello como una señal de buena suerte y abundancia, lo que siempre así fue, afortunadamente: Una familia armoniosa y solidaria, a la que nunca le faltó lo esencial para vivir bien.

Entre las primeras ideas captadas durante la infancia, estaban las de la exigencia de Josaphat y Rosario por igual, de comer todo lo que se nos sirviera en la mesa y prohibidísimo el desperdiciar algo. Nos hablaban de que había muchos niños en otra parte del mundo que morían de hambre y frío. Obviamente a los tres o cuatro años de edad resultaba imposible comprender el sentido de tales conceptos, lo que vendría después de una manera natural al conocer personalmente a algunos de esos niños en el Colegio Alemán, que era en donde estudiábamos, milagrosamente salvaron sus vidas en medio de los horrores de la guerra y que nos reseñaban con gran detalle el drama que vivieron en Alemania.

Así comprendimos cabalmente el sentido de las advertencias de nuestros padres y supimos evaluar la gran suerte de haber nacido en México.

Nunca dejaron de ponderar y agradecer a Dios la generosidad de este gran país, que aunque ya había pasado por la amargura de la Revolución, sus efectos palidecían ante la destrucción total por los bombardeos alemanes a los países ocupados y la generalización de la guerra que prácticamente destruyó Europa.

Mientras eso sucedía, los campos mexicanos cosechaban enormes cantidades de productos variadísimos, capaces de mantener una economía sana.

La región de la Laguna, en el estado de Coahuila, obtenía una producción récord de algodón para el mercado nacional y las exportaciones, ante la gran demanda mundial y el abatimiento de la producción de los países africanos, sobre todo Egipto.

SRA. MARY EUSTACE JENKINS. PUEBLA

Gran parte de esa producción algodonera, era verdaderamente devorada por las fábricas textiles de Puebla que trabajaban las 24 horas del día ante la gran demanda que la guerra provocaba.

En el estado de Coahuila, en el mismísimo desierto, se vivía una etapa de auge y prosperidad como antes jamás alguno se podría imaginar y que seguramente será irrepetible, que generó diversas fortunas, verdaderamente fabulosas, con la producción de la cera de candelilla.

La candelilla es un arbusto que se da de manera natural en el desierto, cuyos tallos y ramas se encuentran cubiertos con una especie de parafina, maravilla de la naturaleza que evita la pérdida de agua de la propia planta en las condiciones de intenso calor y sequedad del ambiente en que crece. Ésta parafina, a través de un proceso sumamente sencillo consistente en la cocción de los propios arbustos en unos tanques con una solución ácida, permiten la separación de la cera en un precipitado al que denominan "cerote". Este se moldea o bien se deja en greña o sean pedruscos irregulares y se encostala.

En esos días de guerra, los países aliados lo consumían en cantidades industriales para ser procesados con las pinturas y aplicarlos como excelente anticorrosivo en barcos, submarinos y en general en todo equipo bélico susceptible a los daños por corrosión o intemperización.

Prácticamente todos las navíos y otras unidades anfibias y terrestres de los aliados, llevaban una cubierta con ese producto del desierto, que desafortunadamente para los productores de candelilla en los 60's entró en desuso con la aplicación de los polímeros y otros productos derivados del petróleo.

La Fundidora de Fierro y Acero de Monterrey trabajaba a marchas forzadas y su producción de acero era insuficiente para cubrir la gran demanda nacional.

México ya producía refrigeradores, lavadoras y otros artículos para el hogar que requerían de lámina de acero.

Así mismo la primera armadora de autos, ubicada en Puebla, la Packard, así como las plantas General Motors y Ford Motor Co. A pesar de las

COSTAS DEL ESTADO DE GUERRERO 1938

restricciones que imponía la guerra por escasez de partes de sus plantas en Estados Unidos, no dejaron de trabajar.

Por otro lado, la planta acerera que se estableció en Monclova, Coahuila, Altos Hornos de México, como respuesta a la gran necesidad de acero que se requería para satisfacer la demanda que la expansión y diversificación industrial que experimentaba el país, ya producía volúmenes de acero que nos acercaban a la suficiencia.

Los tradicionales países exportadores que eran los aliados, canalizaban toda su producción a la industria militar y habían dejado a los países en vías de desarrollo, como el nuestro, prácticamente "colgados de la brocha".

Esa fue la gran paradoja de México durante la Segunda Guerra Mundial.

Mientras el hambre, el miedo, la destrucción de Europa, castigaban severamente a su población, México experimentaba un auge insospechado.

Era algo como decir que nuestro país estaba "saliendo del cascarón", como una nación que llegaba al escenario mundial no sólo como productor y exportador petrolero o de alimentos agrícolas y pecuarios, sino que entrábamos de lleno al terreno industrial como una economía emergente, recibiendo inversiones directas en muchas áreas.

¿Qué otro país ya no digamos de América Latina, sino del mundo, ofrecía mayores ventajas que México en ese momento? Nuestros puertos, facilitando llegadas y salidas tanto por el Atlántico como por el Pacífico, facilitaban las maniobras comerciales.

Nuestras exportaciones ganaderas vivían una etapa de gran auge. Las fronteras se abrían para miles de mexicanos que gracias a ellos se producían millones de toneladas de granos, leguminosas, frutas y verduras que alimentaban a una nación que por la guerra se quedó sin brazos en sus magníficos terrenos agrícolas, ahora con mayores necesidades de producción para alimentar así mismo a los ejércitos aliados.

Y ahí estuvieron nuestros eficientes braceros trabajando muy duro y participando con su esfuerzo en beneficio de una causa que movilizó a todo el mundo y de paso, apoyando económicamente a sus familias y al país en general.

GRUPO DE CAZADORES, ALGUNOS AFROMEXICANOS.
ESTADO DE GUERRERO. 1934.

La entrada de dólares a México apuntalaba nuestra economía y la escasez de productos tradicionalmente importados de Estados Unidos y Europa, nos obligó de muchas maneras a suplirlos o a producirlos.

Ahí está el caso de Monterrey que cobró nuevos bríos y empezaron a fabricar otros artículos y materias primas imprescindibles para nuestro desarrollo, con lo que esa industriosa metrópoli reafirmó su categoría de vanguardia en el terreno industrial.

Sin duda, la Segunda Guerra fue el detonante económico, social y político de México.

Hasta en el terreno familiar se suscitaron numerosas experiencias que hablan mejor que nadie de lo que se vivía en México.

Una vez que Josaphat completó su familia con cinco varones y una niña y estando los menores en etapa escolar, decidió inscribirnos a todos, excepto a los dos mayores, al Colegio Alemán Alexander Von Humboldt de Puebla, en plena guerra, en el año de 1944.

Yo no sé a ciencia cierta cómo es que tomó esa decisión.

Josaphat admiraba a los americanos por prácticos, modernos, por hacer las cosas en grande, por emprendedores y organizados.

Pero también a los alemanes, por disciplinados, por trabajadores, inventivos, estudiosos.

La manera de ser de él en muchos aspectos era una combinación de esos pueblos, por decirlo de alguna manera.

Le gustaba que las cosas no sólo se hicieran bien, sino a la perfección.

Nos daba miedo hacer alguna manualidad frente a él pues era tal su destreza para manejar herramientas y hacer cortes en madera, o ensamblar piezas, dibujar o hasta escribir o leer, que de seguro nos tocaba regaño por no hacerlo como se debe. Cualquiera se veía torpe frente a él por su manera de hacer las cosas, precisas, exactas, sin tacha. Pero tuvo siempre la indulgencia y el tino para decirnos la manera de hacerlas bien.

JOSAPHAT CON AFRO-MEXICANOS ESTADO DE GUERRERO
1940

Sin ser yo un alumno muy aplicado, siempre presenté, por ejemplo, unos mapas muy bien elaborados porque él me enseñó a difuminar muy bien los contornos a tinta china de los estados y países con colores variados, lo que le daba un toque, según yo, muy atractivo y elegante a esos mapas, "adornándome" con la maestra de geografía.

En cuanto a la ortografía era buenísimo y le gustaba oírnos leer en voz alta, exigiendo lógicamente, entonación, separación, modulación. "No de corridito, enséñense a hacer que lo que lean, suene interesante. Con elegancia" nos decía.

Así las cosas, no sé si por recomendaciones, es el caso de que ahí nos puso en el Colegio Alemán Alexander von Humboldt que funcionaba en Puebla desde 1910.

México ya había declarado la guerra a las potencias del Eje y al menos en el papel, políticamente hablando, los alemanes no debieron ser bien vistos.

Pero México es México. Nuestros maestros eran respetados por todo mundo a pesar de que la Secretaría de Gobernación con toda seguridad habría girado órdenes para tener bajo la lupa a todo lo que oliera a germánico. Tengo entendido de que hubo un centro de confinamiento de alemanes en Perote, Veracruz y de que alguno o algunos de nuestros maestros fueron sometidos a algún interrogatorio o algo así, pero todos fueron respetados y tratados con deferencia, saliendo indemnes de aquel lugar.

Son de aquellos conceptos que se formaron en nuestra memoria a través de datos muy vagos y proporcionados a cuentagotas, pero que de cualquier manera ahí quedaron sin poder precisar quién lo contó ni cuándo.

Siento que lo que sucedía con los alemanes en Puebla y tal vez en todo México, era algo similar con respecto a la iglesia católica y la prohibición del culto externo, en que la autoridad siguiendo las directrices de la superioridad, se hacían como "que estaban viendo a la Virgen", es decir, se hacían de la vista gorda.

JOSAPHAT Y AMIGOS EN EL ESTADO DE GUERRERO. 1940

Darle el debido cumplimiento en el papel solamente. "Acátese aunque no se cumpla", como reza esa orden tan a la mexicana y que data desde el porfiriato.

No sé como trataron a los alemanes en los Estados Unidos pero lo que sí sé es que a los japoneses los trataron indignamente concentrándolos en un campamento en California, compuesto por barracas sumamente primitivas y tratados con la punta del pie. Les dieron la categoría de prisioneros del fuero común a honorables familias de inmigrantes y aún a sus hijos ya nacidos en los Estados Unidos.

Ahí hubo violaciones, abusos, vejaciones y discriminación racial en su forma más burda y despiadada.

México y sobre todo, los mexicanos trataron con deferencia y respeto a gentes que desde luego "no tenían vela en el entierro".

Actuamos con categoría. México es México.

Cuando nosotros entramos al colegio yo tenía algo más de 4 años y no alcanzaba a comprender el alcance de lo que sucedía en Europa con toda la profundidad, pero de cualquier manera, haciendo a un lado las telarañas y lo nebuloso que impiden recordar con la claridad que uno quisiera esas experiencias vividas hace tantos años y además, poco comprendidas por razones de mi niñez en su momento, de cualquier manera percibía algo de anormalidad en mi entorno escolar.

Recuerdo que Josaphat y Rosario nos advertían que el país de nuestros profesores estaba en guerra y que ello significaba matarse unos a otros y sufrir persecuciones y hambre. Lo mismo que perdían todo lo suyo, sus casas, sus bienes y los niños quedaban solos al morir sus padres.

Eso era lo que más me impresionaba. El primer día de clases, al contrario de lo que sucede con la generalidad, para mí fue muy grato porque todos estábamos contentos y era para mí una rareza ver a tantos chiquitines güeritos, algunos recién llegados de Alemania, mezclados con los prietitos mexicanos en medio de una algarabía que me hacía sentir feliz.

INDÍGENAS DEL ESTADO DE OAXACA

Me encantaba ver a tantas niñas tan bonitas, con lo que ahora sé en definitiva que esas fueron para mí las primeras manifestaciones del sexo, que ahora se sabe, inician desde la niñez.

Josaphat, mientras tanto trabajaba exitosamente en su estudio y como decía de la gran paradoja para México en época de guerra, fue que en ese tiempo él y Rosario adquirieron una casa en Cuernavaca para que la numerosa familia vacacionara en esa ciudad, que siempre les encantó y donde querían instalar a futuro otro estudio como el de Puebla.

Todo el material fotográfico que se usaba era, por supuesto, de importación, fundamentalmente KODAK de Estados Unidos.

Pero también empleaba productos ILFORD de Inglaterra, AGFA de Alemania y FERRANIA de Italia.

Al estallar la guerra, los países europeos dejaron de exportar con regularidad sus productos. No así la KODAK, que aunque con cierta escasez, Josaphat siempre tuvo a su alcance el material que requería, sobre todo porque le daban un trato de gran deferencia por parte de la American Photo Supply, Co., que era la agencia KODAK en Puebla.

Pero un día en que Josaphat se presentó para surtirse del material que necesitaba, le dieron la mala noticia de que no era posible venderle más.

Previamente, de una manera sospechosa, le retrasaban sus pedidos, diciéndole que estaban agotados, que no les había llegado y otros pretextos por el estilo, hasta que ese día le hablaron con toda franqueza.

Al pedir una explicación sobre ese proceder, el gerente no tuvo más remedio que confesarle de que eran las órdenes que recibía de la casa matriz en la ciudad de México y ello obedecía a una represalia comercial por tener a cuatro de sus hijos estudiando en el Colegio Alemán.

"Sáquelos de ese colegio, don Josaphat" le habría dicho el gerente "y así no tiene usted problema alguno con nosotros para conseguir su material". "Como siempre".

FAMILIA PRÓSPERA DE AGRICULTORES DEL PRIMER
CUARTO DEL SIGLO XX

Por supuesto que no aceptó y argumentó que la educación de sus hijos era un asunto privado, familiar, íntimo, y que en esos terrenos no toleraba injerencia de nadie, "ni de los gringos", habría terminado de decir, añadiendo su disposición para afrontar las consecuencias.

"Ya veré cómo me las arreglo" concluyó, y salió de American Photo.

En un principio recurrió a sus amigos y compañeros fotógrafos, pero las cantidades que requerían las órdenes de Josaphat superaban con creces las escasas dotaciones que podía conseguir "por debajo del agua".

Para las órdenes importantes como bodas, quince años o grupos él usaba negativos en formato 5" x 7", que le proporcionan mayor nitidez y pureza a las fotos grandes como 11" x 14", 16"x 20" o más, que son las medidas en pulgadas que se usan en fotografía.

Ese era precisamente el material más difícil de conseguir. En la American Photo de la ciudad de México, la casa matriz, conocían muy bien a Josaphat, así que ni se molestó en acudir a ellos, pero recorriendo las casas especializadas en fotografía, compraba negativos para aficionados en formatos 120 y a veces en 4" x 5" u otros formatos de la época, más grandes que el de uso común, que es el 35 mm.

De esa forma resolvió el problema de los negativos que para él era el más difícil, porque en cuanto al papel fotográfico lo sabía producir.

Hay que recordar que había estudiado fotografía en Rochester en donde aprendió de procesos y aplicaciones.

Recuerdo que algunas veces nos platicó que básicamente el procedimiento consistía en colocar una cartulina con ciertas especificaciones en un cilindro giratorio, el que apoyado en una base, que fijaba los extremos de su eje, se hacía descender sobre una charola que contenía la solución de plata con grado predeterminado de sensibilidad, y al momento de rozar el papel la emulsión, se giraba el cilindro con una manivela, de tal forma que el baño fuera homogéneo en toda la superficie de la cartulina. Se separaba el cilindro y se colgaba para secar. Y así sucesivamente, en condiciones, claro está, de oscuridad casi absoluta, apoyados únicamente por la clásica lucecilla roja de los laboratorios fotográficos.

REUNIÓN DE INDÍGENAS.
SIERRA NORTE DEL ESTADO DE PUEBLA

De esa manera pudo salir adelante en su trabajo en la época de guerra, superando las restricciones y demostrando a propios y extraños que cuando al hombre se le cierran una o más puertas, con ingenio, paciencia y determinación supera los obstáculos.

Tal vez en época de escasez o de calamidades, como le pasó a México durante la revolución o las guerras mundiales, es cuando más hemos aprendido como pueblo a sobrevivir y a buscar alternativas y nuevas formas de hacer las cosas.

Poco tiempo después, en 1945, recordamos que en un festival del colegio, en medio de los aplausos que se presentaban, notamos ciertos movimientos de algunos de nuestros maestros alemanes, que discurrían por los pasillos y entraban y salían constantemente de las oficinas de la dirección con nerviosismo evidente.

Por fin, salieron para seguir supervisando aquellos números que presentaban los alumnos y noté que dos de los maestros no podían contener el llanto, pero seguían erguidos, estoicos, con los ojos enrojecidos.

Eran Alfons Schmitz y Wolfgang Boege, verdaderos hombres de ciencia, respetados y venerados por todos los que los conocimos.

Al llegar a la casa le comenté a Rosario mi experiencia, que pacientemente me dijo: "Ese llanto se debió a que les comunicaron que ya habían perdido la guerra y su capital, Berlín, ya había sido tomada por los ejércitos aliados.

"Ya perdieron todo, hijo. Sus familias, sus casas, todo quedó destruido. Así es la guerra", agregó, y yo me quedé muy impactado porque percibía que algo de esa guerra me tocó demasiado cerca.

Poco tiempo después llegaron algunos alemancitos como compañeros nuestros, que aprendieron muy rápido el español, aunque no tan rápido como las "majaderías" que fue lo primero que les enseñábamos y ya en el terreno de las conversaciones tan pronto supieron expresarse, nos platicaban de los bombardeos, del ruido ensordecedor previo de las sirenas, de los refugios antiaéreos, de los muertos, el hambre y el miedo. Los adultos sólo aspiraban, si acaso, a una ración por día de sopa de cualquier verdura que hubiese y a una hogaza de pan de centeno. Para los niños, media taza de leche y pan.

ROSARIO CON JOSAPHAT HIJO, SERGIO Y FERNANDO,
EL MÁS PEQUEÑO, DÍAS ANTES DE SU FATAL ACCIDENTE

Por eso digo que nos tocó cerca, pues la narración de los hechos en boca de los sobrevivientes con unos cuantos meses de diferencia, creo que nos impactó a los que escuchamos esas experiencias, por toda la vida.

Así como llegaron los niños de la guerra, también lo hicieron algunos maestros nuevos que se integraron al colegio.

Entre ellos recuerdo a una viejecita, menudita de cabellos blancos y ojos azules transparentísimos y vivaces que denotaban una gran inteligencia y perspicacia. Le decíamos Tante Emmi.. Emmi Kapke era su nombre.

Era dura de carácter en la clase, no permitiendo adentro ninguna libertad, como conversar o no prestarle atención a lo que enseñaba. Se notaba que aprendió el español a "matacaballo" para estar al punto para darnos clases. Sin embargo era imposible hablarlo correctamente en tan poco tiempo.

Para llamarnos nos decía "oiga tú", y cosas por el estilo, que provocaban las risas de todos nosotros, pero había que cuidarse pues se enojaba mucho y solía dar cachetadas cuando se le desobedecía. Disciplina germánica.

Un buen día, que para variar, yo hacía gala de ser un buen parlanchín con alguno de mis compañeros, volteando yo hacía él en lo que Tante Emmi explicaba algo que ella consideraba importante, llegó a hurtadillas y de pronto supe de verdad lo que es un "revés".

Me llevé un cachetadón bien dado y llegada la hora del recreo fui con mi hermana Rosario a contarle el suceso, que ni tarda ni perezosa me hizo acompañarla a presentar la queja con el director, Fritz Theiss, quien se indignó con la actitud de Emmi y nos ofreció hablar con ella y reconvenirla por su proceder.

Esa misma tarde, la pobre de Tante Emmi se presentó en el estudio de mi papá temblorosa y llorando a ofrecer disculpas ante Josaphat y Rosario, siguiendo las indicaciones de Herr Theiss.

Con voz entrecortada por el miedo o la pena, Tante Emmi logró explicar lo sucedido y darse a entender.

SERIE PUEBLA 1943

Fuertemente emocionados y enternecidos por su relato, ambos la abrazaron y le animaron con gran generosidad.

Josaphat le dijo: "Nosotros somos los que debemos disculparnos porque nuestro hijo no acató sus órdenes y la hizo enojar. Eso sí nos da pena".

Rosario agregó: "Usted viene de la guerra, del sufrimiento y de los horrores que solo Dios sabe por las que ha pasado. Usted merece consideraciones no sólo por lo que sufrió sino por su edad, y nuestro hijo fue el que cometió una falta de educación por no haber respetado las reglas que dicta el profesor, que es la autoridad en la clase".

Acto seguido mi madre volvió a abrazar a Tante Emmi y también lloró con ella.

Al llegar a casa, ambos me llamaron la atención, con el consabido regaño y fue tanta mi vergüenza al imaginar a esa viejecita tan apenada llorando, que siempre la recordaré con ternura, a pesar de la cachetada.

Mientras tanto Josaphat disfrutaba de su trabajo y de sus cacerías, su pasatiempo favorito. Y vaya que se tomaba en serio lo de sus excursiones cinegéticas, que en ocasiones rebasaban el mes, debido en parte por lo distante de los lugares a donde iba, tomando en cuenta la falta de caminos buenos.

Fundamentalmente gustaba de "perderse" en los campos extensos y en las villas alejadas de las ciudades. Como buen fotógrafo, se fascinaba con las montañas y cañadas, con los ríos y las selvas. Todo lo maravillaba, todo era para él motivo de regocijo no solamente para el espíritu sino para su instinto fotográfico queriendo retratar aquellos espléndidos escenarios que con los tiempos nos han quedado para disfrutarlos en ésas memorables placas.

En alguna ocasión, platicando con algunas personas del estado de Guerrero, le comentaron que en una región en la Costa Chica, uno de los pocos enclaves de México con población eminentemente de origen africano, había jaguares que, por cierto, les mataban su ganado y que recientemente atacaron a unos niños con saldo trágico pues uno de ellos murió a causa de las graves heridas por lo que los moradores de aquellas alejadas rancherías y aldeas en medio de la selva, vivían atemorizados por los frecuentes ataques y acercamientos de esos enormes felinos a sus chozas. Cualquier alejamiento de

SERIE PUEBLA 40s

personas, principalmente de niños que se aventuraban a internarse en el monte a recolectar leña, frutos o agua, constituía un verdadero riesgo. Los individuos viejos de esa especie de grandes felinos, rechazados por los animales más jóvenes e incapaces de perseguir a sus presas naturales para sobrevivir, como venados, jabalíes y otros, no les queda otra más que acercarse a los poblados y rancherías para allegarse gallinas, guajolotes, cerdos y uno que otro humano despistado o descuidado por sus padres cuando se trataba de menores.

Por esa causa ya había algunos muertos y mutilados y era necesario cazar algunos de ellos, pues aparentemente había una sobrepoblación, pero los nativos no tenían los recursos para atraparlos o cazarlos.

El tigre es muy astuto y no es fácil engañarlo, además de que es un animal de hábitos nocturnos.

Así mismo este animal recorre con facilidad grandes distancias en terrenos muy abruptos y cerrados de la vegetación de la selva, en donde prácticamente es imposible el paso del hombre.

Además, cuando está acorralado y asustado, suele atacar violentamente contra el que se le atraviese, a dentelladas y zarpazos, por lo que es casi suicida intentarlo.

Su sentido de orientación, olfato y habilidad para desplazarse silenciosamente no tienen comparación con ninguna otra especie animal.

Hasta los ratones y ratas de campo, también de hábitos nocturnos, hacen ruido entre la hojarasca seca al correr y son detectados fácilmente. No así el tigre que es tan fino y sensible en sus cojinetes plantares, que le permiten soslayar hojas y desechos vegetales crujientes.

El Jaguar está considerado junto al puma como el más fuerte entre la fauna del continente americano, en proporción a su peso.

En una ocasión pude comprobar cómo un puma de unos 80 o 90 kilos arrastró con relativa facilidad a un asno al que había matado y que casi lo doblaba en peso, una distancia de unos 200 metros cuesta arriba en una serranía del estado de Coahuila.

SERIE PUEBLA 40s

Generalmente cuando escuchamos anécdotas o historias de mutilaciones o muertes provocadas por animales silvestres, nuestra imaginación nos lleva de inmediato al África o a la India. Sin embargo, en México se dieron con frecuencia ese tipo de ataques o accidentes con ellos, sobre todo en aquella época en que existían grandes áreas despobladas y los pequeños y muy separados asentamientos humanos eran visitados con frecuencia por esos grandes felinos. Aunque parezca exageración o algo inverosímil, en las postrimerías del siglo XX y aún ya entrado el XXI, bajo ciertas condiciones de sequía y de falta de alimento, me ha tocado presenciar la "visita" de uno que otro oso en la ciudad de Monclova, Coahuila, que es en donde vivo, que bajan del Cerro de la Gloria, santuario de esos enormes mamíferos, al extremo de haber criado personalmente a uno de ellos que quedó huérfano cuando aún era osezno durante un incendio en la Sierra.

No en balde nos encontramos entre los cinco países con mayor biodiversidad. La fauna silvestre de grandes especies es muy rica y el carácter de algunos ejemplares es tan feroz como el que más.

Regresando con Josaphat y escuchando los relatos de los tigres del estado de Guerrero y las villas y rancherías de gente de raza negra, algo exótico en México, conformado etnológicamente por una abrumadora mayoría mestiza y acaso un treinta por ciento por indígenas puros y solo un diez por ciento de raza blanca, sin tomar en cuenta siquiera a la raza negra, por su pequeñísimo número con relación al total, pero de que hay ADN africano en gran parte de la población mexicana, la hay.

Impulsado tal vez por el espíritu aventurero que todos tenemos, aunque algunos de más, como Josaphat, se dio a la tarea de hacer sus preparativos, decidido como estaba a participar en esa nueva aventura cinegética, mucho más interesante que las tradicionales de la caza del venado, sobre todo tomando en cuenta que meterse en los dominios del jaguar, implicaba muchas incomodidades y riesgos por tenérsela que ver con un medio selvático, saturado de víboras y alimañas ponzoñosas por no mencionar la posibilidad de extraviarse en un ambiente tan tupido en que hay puntos en que no se puede ver la luz del sol y por lo tanto resulta imposible orientarse. Claro es que para meterse en esas aventuras, es obligado hacerse acompañar por un guía, pero una distracción de cualquiera puede resultar en tragedia para el que no es nativo de la región.

SERIE PUEBLA 50s

Josaphat, un fotógrafo entre dos mundos

Todo aquel que haya tenido la emocionante experiencia de conocer selvas y se haya adentrado un poco en ellas, sabrá a lo que me refiero.

Cuando Josaphat empezó a viajar a la Costa Chica, en la década de los 30's, era una verdadera odisea hacerlo.

Lo hacía a bordo de un Guayín Chevrolet modelo 1936, con motor de 6 cilindros en línea, viajando por carretera pavimentada de Puebla a México, y de ahí a Cuernavaca en donde se acababa prácticamente la carretera, para continuar por caminos de terracería y brechas hasta Acapulco, donde se llegaba después de tres días de polvorientos caminos y peligrosos accesos a través de la Sierra Madre Occidental, en que había tramos en donde sólo cabía un vehículo, de manera que cuando ocasionalmente se encontraban dos, uno de ellos tenía que echar reversa hasta encontrar alguna saliente que permitiera la maniobra de destrabar aquel nudo.

Eso era sumamente peligroso, porque esos espacios son tan reducidos que algunos de los vehículos quedan a ras de caer en los impresionantes precipicios que algunas veces superan los cuatrocientos o quinientos metros de profundidad.

Una vez que atravesaba la sierra, había que descender hasta la costa, para encontrar, ya rebasado el trópico de altura, un Acapulco todavía virgen, como a muchos nos hubiera gustado que se quedara, sin diferir gran cosa de aquel Acapulco de las naos que llegadas de China y del Oriente, descargaban sus preciadísimas mercaderías durante los siglos que duró la Colonia.

Ya en Acapulco, descansaban un par de días en el hotel de un señor Añorve, gran amigo de Josaphat, para embarcarse después en un barquito que prestaba servicios de cabotaje hasta Punta Maldonado, cerca de la barra de Tecoanapa, al sur, ya en territorios de gente con gran influencia africana. La tierra del jaguar. Ahí desembarcaban para trasladarse a su centro de operaciones.

El pueblo más importante de esa región es Cuajinicuilapa, que es en donde termina el estado de Guerrero y queda relativamente cerca de Pinotepa, ya en el vecino estado de Oaxaca.

Ahí en la región de Cuajinicuilapa existe la mayor concentración de negros, lo que todavía es evidente, aunque en la época en que Josaphat anduvo

SERIE PUEBLA 40s

por esas tierras, según se ve en las fotos, había todavía algunos individuos de raza pura, y la mayoría denotaba fenotípicamente la mezcla con los indígenas de la región, con muy pocos individuos indígenas puros, lo que habla de una gran interacción de razas y combinaciones de toda índole.

El contacto que Josaphat tenía en la región era con un señor de apellido Miller, al que todavía conocí 40 años después. Y si uno se pregunta cómo es que llegaron tantos negros a esa región, todavía es más extraño aún, encontrar en ese apartado cuanto desconocido rincón mexicano, a una familia de origen inglés.

Durante la Colonia, las tierras de la Nueva España recibieron en calidad de esclavos, a una gran cantidad de hombres y mujeres procedentes de diversas regiones de África, como Angola, Guinea, y Congo, entre otros más, para trabajar en estas tierras americanas.

Hay que echarle un vistazo a la historia para recordar que fue precisamente Cristóbal Colón, en sus inicios como navegante, cuando viajaba en los navíos portugueses en el Siglo XV en exploraciones y misiones de carácter comercial por la Costa Occidental de África hasta la línea ecuatorial, después de lo cual, regresaban a Europa, cargados además de una gran cantidad de productos y especias, con otro cargamento, humano éste, con fines esclavistas.

En aquellos viajes por cierto, Colón, además de aprender los secretos de la navegación, observó la dirección de los vientos, diferenciando los del Norte con los del Sur, factor fundamental para hacer posible el descubrimiento de América y con el conocimiento anterior de cómo llegar al África y la posibilidad de traer cargamentos de esclavos al Nuevo Mundo, fue así que llegaron también a la Nueva España y en general a todo el continente.

Más altos, más fuertes y resistentes, desarrollaron mucho mejor las faenas que les eran encomendadas, que los indígenas.

En el trayecto desde la Costa Occidental de Africa en los galeones españoles hacia la Nueva España, moría más de la mitad de ese cargamento humano por las espantosas condiciones sanitarias y de espacio en que viajaban los pobres esclavos.

SERIE PUEBLA 50s

Generalmente vemos como algo extraño o ajeno, ante los ojos de los mexicanos a las comunidades de gran influencia negra de los estados de Guerrero y Veracruz, sin embargo, es sorprendente la gran presencia de sangre negra o africana, como la queramos mencionar, en las venas de un enorme porcentaje de mexicanos.

Trescientos años de estar recibiendo constantemente a grandes contingentes de africanos en estas tierras americanas, acabaron por entremezclarse con indios, criollos y aún europeos, que a través de esos siglos "blanquearon" fenotípicamente las estructuras del producto de tantos cruces y combinaciones, borrando en apariencia las africanas y dominando las de tipo indígena y europeo, aunque ahí estén presentes e intactas las estructuras genéticas de la raza negra.

Esos esclavos y esclavas fueron llevados prácticamente a todos los puntos cardinales de las tierras novo hispanas para realizar los trabajos más rudos en la construcción de caminos, acueductos, puentes, minas y edificación de los pueblos que se iban fundando.

Con respecto a la presencia negra en la región de la Costa Chica, en el estado de Guerrero, se asegura que originalmente algún contingente de esclavos huyó hacia esa zona tropical, muy semejante a su hábitat natural, en donde se desarrollaron y multiplicaron, agregándose posteriormente otros individuos poco a poco, algunos en calidad de esclavos y otros libertos, una vez que en México se abolió esa práctica al consumarse la Independencia, formando así algunos asentamientos importantes en esa región.

Así las cosas, en cuanto Josaphat pisó esas tierras, quedó impresionado de ese México desconocido, de esa región inimaginable, con muchas de las costumbres y modo de vivir diferente a lo nuestro, que evidentemente correspondía a sus lugares de origen, empezando por la forma de sus chozas, y un poco después, a medida que los fue conociendo como acompañantes en la búsqueda del tigre, en su carácter personal y de grupo, así como en sus preferencias alimenticias y el modo de preparar su comida.

En cuanto mis dos hermanos mayores, Josaphat hijo y Sergio, ya fueron considerados unos varoncitos por Josaphat para acometer responsabilidades cinegéticas como para acompañarlo, fueron desde entonces y durante toda su vida sus inseparable compañeros.

CUERPO DE POLICÍA DE PUEBLA. 1944.

Tan pronto tocaba tierra firme allá en la costa guerrerense, después del viaje por mar en el servicio de cabotaje en el barquito que los transportaba desde Acapulco, Josaphat encargaba a sus dos hijos con una familia de raza negra, cuyo jefe, gran amigo y de plena confianza, tenía una numerosísima prole que se mostraba encantada de recibir y cuidar a los dos muchachitos extraños, mis hermanos, mientras Josaphat se internaba en la selva a la búsqueda del tigre.

Esa familia tenía su jacal en la orilla del mar, en la desembocadura del río Santa Catarina, conocido aquel lugar como la Barra de Tecoanapa. El choque de ambas corrientes es muy fuerte y además el oleaje en esa zona es sumamente peligroso, sobre todo para Sergio que era más chico.

Los negritos, sumamente responsables de su seguridad, conscientes del peligro de que en cualquier descuido se lo llevara el río, o bien, se lo tragara el mar, lo amarraban a un árbol o palmera, como si se tratara de una mascota, impedido de huir y por lo tanto meterse en problemas con las bravas corrientes de agua y oleajes costeros.

De esa manera, toda la parvada de negritos se divertía a sus anchas y sin preocupaciones, enseñando además a nadar y cuidarse por sí mismo de aquellos peligros a Josaphat hijo, que ya estaba más grande y podía asimilar las atinadas enseñanzas de sus nuevos amigos, avezados en las prácticas de sobrevivir en aquél ambiente primitivo de selvas, caudalosos ríos y mares embravecidos, sin mencionar alimañas y uno que otro animal peligroso.

No dejo de imaginar, al paso de los años, las grandes aventuras de mis hermanos en aquellos exóticos lugares y lo que significaba para ellos el fabuloso recorrido por la gran Sierra Madre, tocando en el descenso al Pacífico a villas y rancherías tan rústicas cuanto sorprendidas con los pocos vehículos que se aventuraran a transitar por aquellos lejanos y polvorientos caminos de terracería de la época.

Además de lo divertido y novedoso que resulta para los chicos de esa edad un viaje así, se tiene la dicha de disfrutar todo, incluso las incomodidades e inconvenientes porque para ellos todo es diferente, todo es aventura, todo es mágico, considerando entre otras cosas que en aquella época, la relación y el trato hacia los hijos era por decirlo de una manera, más natural, menos protector como es frecuente en la actualidad, en que padre y madre no aceptan tal tipo de aventuras para sus hijos aunque sea común que no reparen en las

CUERPO DE POLICÍA DE TRÁNSITO DE LA CIUDAD DE PUEBLA CON SUS FLAMANTES AUTOS PACKARD.

relaciones de los chicos con amigos indeseables que pueden llevarlos por los caminos torcidos y peligrosos de las drogas y el alcohol.

Además, fue para ellos, su oportunidad para madurar y prepararse como adultos, conociendo parte de los secretos de aquella gente extraña, pero con una gran sabiduría, envidiable, para sobrevivir aún en las condiciones más primitivas y precarias además de su enternecedora humildad y hospitalidad.

Una vez internados en la selva, Josaphat y sus guías, ya en los lugares en que anteriormente los nativos habían escuchado los rugidos y otros ruidos propios de los jaguares, e incluso los habían visto, no tardaron en observar sus huellas y lo que llaman los hombres del campo, el "rozo", es decir, vestigios inequívocos de la presencia de algún animal de caza como pelos, excrementos, arañazos en los troncos, o despojos de alguna presa semidevorada.

Sin embargo, no los vieron en varios días de permanencia en la selva. Había momentos, sobre todo en las madrugadas en que los oían por todos lados, pero muy lejos de donde Josaphat y sus guías se encontraban.

No obstante esa aparente lejanía, los jaguares seguían atacando el ganado de las pequeñas rancherías localizadas en toda la región y con seguridad, cualquier menor al que descuidaran o que se internara un poco en la selva, correría igual suerte. Ellos vivían atemorizados por su presencia.

Para cazar un jaguar en su hábitat, no sólo se requiere digamos de muy buena puntería o de excelentes oído y vista.

Se requiere de muchas cosas más como conocer a fondo los hábitos y movimientos, además de paciencia. Mucha paciencia.

Todos esos elementos son imprescindibles para "sentir" al jaguar.

Pero quizá el más importante de todos consiste en la definición. Esto es, la convicción y seguridad del cazador para lograrlo. El tesón.

Y esos eran precisamente los atributos de Josaphat, aunque en sus primeros intentos fracasó. Y al decir intentos, a viajes con todos sus pertrechos y preparativos que año con año hacía.

SERIE PUEBLA 50s

Desde la primera vez, recurrieron al uso de la "tigreras", que es un reclamo para llamar al macho. Consiste en una especie de guaje gigante, al que se le corta la base, y se le ensambla un trozo de piel de cabrito con una cuerda trenzada de tipo vegetal, de tal manera que quede la piel muy tensa.

Del centro de esa piel, pende un mechón de crin de caballo de unos 45 cm. de largo, el cual queda sujeto mediante un nudo grueso hecho del mismo mechón, al otro lado de la piel.

El mechón está impregnado de una resina que hace que al pasar los dedos, apretándolo suavemente de un extremo al otro del propio mechón, provoque una vibración que emite un ruido idéntico al rugido de un tigre, que se magnifica por el propio guaje que actúa como caja de resonancia y que al operarlo, es escuchado en la selva a varios kilómetros.

Josaphat siempre nos comentó que los tigres le "respondían" al otro extremo de la sierra y que era posible que se le acercaran hasta donde él estaba, pero cualquier movimiento, algún ruido, o simplemente un cambio en la dirección del viento, hacían que el tigre se retirara al percibirlo. Como casi siempre sucede, que una vez preparados para cazar una pieza, ya con todos los elementos para hacerlo, parece desaparecer y posteriormente, reaparecer en el momento menos deseado y más peligroso para tal tipo de aldeas.

En los subsecuentes viajes lo acompañaron mis dos hermanos mayores, el más grande de acaso 13 o 14 años, fascinados con una aventura de esa dimensión, ya que a esa edad todo se disfruta y todo es novedad.

Lo que más les fascinó fue el viaje en aquel barquito que iba costeando en el Pacífico sur hacia Punta Maldonado, aunque hubo momentos en que sentían que se los tragaba el mar porque en algunos tramos éste se picaba y veían las enormes olas a los lados, encerrando al barquichuelo en el plano inferior, entre ambas, en medio todos de un ruido ensordecedor.

Mis hermanos, en vez de sentir temor por la navegación en aquellos pequeños navíos, parecían disfrutar de todo lo que veían, además del carácter firme del padre que siempre nos dio la confianza y certeza de que todo saldría bien en esas circunstancias. Él nos apercibía antes de cualquier cacería, de que tal tipo de excursiones o viajes eran para hombres. No mencionaba la palabra "niños" o "muchachos". El hablaba de hombres simple y llanamente.

SERIE PUEBLA 50s

"Yo los llevo pero no voy a darles tratos especiales ni a ustedes que son mis hijos. Aquí todos somos hombres y nos aguantamos lo que se venga: frío, calor, sed, hambre o cansancio. No quiero quejas, lamentos o lloriqueos. No causen problemas en la cacería ¿Entendido?".

"No los obligo a acompañarme, pero quien no entienda lo que les digo, que se quede en la casa. A las cacerías no se va a jugar a las muñequitas o a la casita. Así que ya lo saben".

Dicho lo anterior a cada uno de nosotros, en nuestras respectivas etapas cronológicas, además de picarnos el amor propio, no dejó lugar a dudas y siempre nos comportamos, orgullosamente, como él quería.

Naturalmente que en cada excursión, nos pertrechaba convenientemente y nos enseñó a orientarnos y lo que teníamos que hacer en caso de que nos perdiéramos en el monte.

Nos resultaba muy grato a los ocho o diez años, recibir el trato de adultos.

Acaso a algunos pudiera parecerles rudo el estilo de Josaphat, pero que nos forjó para soportar las condiciones adversas que la vida nos fue deparando.

Cuando yo era estudiante universitario de medicina veterinaria, hacía viajes de prácticas con algunos amigos a lugares muy distantes, en el estado de Guerrero, en donde no siempre contábamos con una mediana comodidad siquiera y sin embargo todo se me hizo fácil por el "entrenamiento" al que ya había sido sometido. Y ya titulado, cuando me tocó participar en las campañas zoosanitarias contra la fiebre porcina clásica y la encefalitis equina venezolana, en el desierto de Coahuila, siempre tuve la percepción de que eso era lo mío, sin considerar siquiera los inconvenientes e incomodidades.

Regresando al barquito del Pacífico y con mis hermanos, ellos estaban encantados viendo a tanta gente desconocida, con sus mercancías que habían comprado en Acapulco y desembarcando en los pueblos en que era obligada la escala del servicio de cabotaje.

El bullicio de esos extraños con su acento tan diferente al del altiplano. Las negritas ataviadas con muchas flores ofreciendo cocos y mangos, le daban

SERIE PUEBLA 50s

a la escena un aire africano y el olor del humo de los anafres y las fritangas, hacían recordar que todavía estaban en México.

Unos por aquí ofreciendo pericos en sus jaulas y otras avecillas; otros más vendían otros animalejos silvestres, monos araña, comadrejas, mapaches, tanta variedad y tanto movimiento como para una estupenda locación de película, con ese colorido y escenarios tropicales exuberantes, cada vez más difíciles de hallar en el siglo XXI.

En contrapartida, Josaphat y sus dos hijos con sus indumentarias tan diferentes a las usadas en el estado de Guerrero, mucho llamaban la atención.

No era común que gente extraña abordara esas pequeñas naves y menos que se alejaran tanto de Acapulco, principal punto de referencia, que si bien era todavía un puerto muy alejado de lo que ahora es, siempre tuvo su movimiento, desde la Colonia.

La perra de raza Airedale de nombre "Gay" parecía también encantada en esa aventura al lado de mis hermanos, siempre inseparables.

Era tan inteligente y se tomó tan en serio su papel de guardiana, tal vez percibiendo algún peligro en ese mundo extraño, que unos días después, ya en la barra de Tecoanapa, uno de mis hermanos se zambulló en el Río Santa Catarina y la perra desesperada, se lanzó tras él, tomándolo cuidadosamente del brazo para sacarlo del agua. Ya se ha comprobado actualmente, de manera incontrovertible de que los perros son más inteligentes que gorilas y chimpancés. Desde luego que también entra en juego uno que otro individuo de nuestra propia especie.

Ese viaje resultó muy significativo para Josaphat porque además de un amigo entrañable que frecuentemente lo acompañaba, Alfonso Blasio, iban sus dos hijos, Josaphat chico y Sergio.

Viajaban además, dos ayudantes y la perra Airedale.

Tal vez sus hijos le trajeron suerte porque en ese viaje, pudo al fin Josaphat cobrar su pieza cinegética.

SERIE PUEBLA 50s

Nunca faltaron quienes le aconsejaron trampear al jaguar a lo que siempre se opuso, argumentando que esa lucha debería ser lo más equitativa posible y si bien el arma del hombre es en cierto sentido superior, el tigre es tan astuto, tan receptivo e inteligente que fácilmente se le equipara y hasta lo supera en conjunto.

Finalmente una noche de luna, trepando él en un árbol y con el rifle cargado y sin seguro, vio en la penumbra el inconfundible bulto del tigre y de certero balazo lo mató.

Siempre argumentó de que cualquier preparativo que se pretenda hacer al rifle como cargarlo o aún quitar el seguro, es suficiente para que lo perciba ése gran felino y desaparezca en un segundo.

Tal parece que la clave para tener éxito, es el tener el arma ya lista y entrar prácticamente apuntando por donde el "olfato" del cazador le ordene y disparar con maestría en el momento preciso, lo que es sumamente difícil en la noche, que es cuando sale el jaguar.

Si desgraciadamente se ha reducido peligrosamente la población de tigres en algunas regiones de México, obviamente no se debe a cazadores como él o los hijos que lo acompañaron.

Se debe a las trampas, a los productos tóxicos, a la reducción de sus espacios por la deforestación brutal del hombre y a la persecución despiadada, fomentada por el irreflexivo tráfico de pieles, además de la expansión de las actividades humanas en las tierras que siempre fueron el hogar de la rica fauna de nuestro país. No hay que olvidar que no es lo mismo la década de los 30s del pasado siglo que ya entrado el Siglo XXI.

El júbilo no se hizo esperar en cuanto llegaron al campamento con la noticia de que por fin cayó el tigre. Los lugareños lo festejaron igual, sintiendo que uno de tantos peligros para sus niños al menos acabó momentáneamente. Mis hermanos que siempre fueron excelentes tiradores desde chicos vivieron la escena con gran intensidad y todos empezaron a preparar sus avíos para el regreso a Puebla, después de más de más de un mes de ausencia.

SERIE PUEBLA 50s

En esas cacerías tan prolongadas era natural que ocurrieran algunas cosas desagradables en la casa, no porque con su ausencia los provocara, sino que en un lapso de tiempo tan largo, simplemente los hechos se suceden. Unos buenos y otros no.

En una de esas excursiones por la Costa Chica, precisamente en uno de los intentos frustrados en pos del tigre, Josaphat estuvo muy inquieto sin encontrar explicación alguna por ese estado de ánimo.

"No puedo conciliar el sueño, Poncho, ni concentrarme en esta cacería", le habría dicho a Alfonso Blasio, su entrañable amigo y compañero. "Es algo como un presentimiento".

En efecto, no había razón alguna explicable para tener aquella sensación. Acostumbrado a trabajar hasta los domingos, sin descanso ni tardes libres o fines de semana de asueto, era un hombre sumamente activo, vigoroso. Siempre aseguró que trabajaba como mula para poderse ir de caza una vez por año a sus anchas, sin límite de tiempo y adonde se le pegara la gana.

De esa manera "cargaba las pilas" y desarrollar mejor su trabajo que, como siempre, lo tenía suficiente y así permitirle a su familia vivir muy bien.

Mientras eso pasaba Josaphat en el estado de Guerrero, en Puebla, Rosario enviaba a un sirviente a casa de la tía Lulú su hermana, para entregarle algún paquete.

Uno de mis hermanos, de tres años, que andaba por ahí, quiso pegársele al empleado, quien frecuentemente jugaba con el niño, lo cuidaba y ya estaba acostumbrado a llevarlo a la calle a los diversos mandados que se le encargaban, por lo que Rosario le permitió, como otras veces lo había hecho, salir a la casa de su hermana.

Al llegar, subieron las escaleras y el empleado tocó el timbre a la vez que se sentaba en el escalón superior. Fernando, que era el nombre de mi hermano, empezó a descender los escalones uno a uno, a la vez que se apoyaba en los barrotes del barandal, también uno a uno, hasta que al llegar al cuarto o quinto escalón, de arriba hacia abajo, faltaba un barrote.

SERIE PUEBLA 50s

Ahí precisamente perdió el control de su cuerpo y salió disparado de cabeza para estrellarse en el duro piso de baldosas de piedra.

La tía Lulú en el momento que salía a abrir la puerta, sólo vio los pies del niño en su fatal descenso por los aires.

De inmediato acudieron con el médico para escuchar el temido "nada se puede hacer". "Sólo va a tener vida vegetativa unas cuantas horas, si acaso días, porque hubo aplastamiento muy grave de encéfalo, con destrucción de materia cerebral". "El niño sigue respirando, pero en realidad, ya está muerto".

Rosario y la tía Lulú sintieron que se desplomaban y que el mundo se les venía encima. La angustia de saber que en un instante, en un pequeño y aparente insignificante descuido, se transformó en un drama en su máxima dimensión al recibir a su hijo prácticamente muerto pero "¿cómo?, si hace un ratito estaba la criatura jugando feliz aquí, a mi lado".

"¿Por qué esta vez, Dios mío, si siempre salieron mis hijos y siempre me los cuidaste?"

El dolor y la confusión de una madre que – injustificadamente – se siente culpable, y sus cuestionamientos internos que la acompañaron toda su vida, martirizándola cada vez que lo recordaba. "¿Por qué lo dejé ir?, ¿Por qué tuve que enviar ese encargo a mi hermana, si no había urgencia de hacerlo?".

Y razonamientos por el estilo, que siempre surgen ante la fatalidad, ante lo que ya no tiene remedio, ante lo irreversible. Dramáticamente irreversible.

Asimismo la paradoja de la vida, de pensar que los dos hijos mayores, aún chamacos, de cacería con el padre, con armas, navegando en un barquito en medio del oleaje que a veces sorprende a los que se atreven a viajar por ese medio y llegar a un mundo desconocido con gente tan extraña, sin que algo malo suceda, afortunadamente.

En cambio el que se quedó al abrigo y cuidados de la madre, fuera de los peligros, ya está muerto.

SERIE PUEBLA 50s

Y ahora, el problemón para Rosario. ¿Cómo mandarle a avisar a Josaphat? ¿Dónde exactamente está su campamento? Se sabía que la base de operaciones estaba cerca de Cuajinicuilapa, pero ¿el campamento? Y lo peor, la noticia de un hijo prácticamente muerto, que cuando él salió a su cacería lo dejó sanito.

Sin carreteras, ni teléfonos, "¿cómo le hago Dios mío?", Habría dicho la atribulada Rosario.

Sin embargo, si ya nadie le devolvería la vida a su pequeño, milagrosamente se abría, al menos, una vía de comunicación para avisarle a su compañero del accidente y tenerlo tan pronto se pudiera, a su lado, y juntos, como siempre lo hicieron, afrontar su desgracia.

La noticia corrió en Puebla como reguero de pólvora y llegó a oídos de un radioaficionado, el que de inmediato se puso a las órdenes de Rosario y así empezó a transmitir el mensaje por el aire, que afortunadamente, fue captado al instante por otro radioaficionado que operaba en la región por donde andaba Josaphat, con un radio de onda corta que se alimentaba con un acumulador de auto, ya que en los 30's, en toda la zona carecían de electricidad.

Este radioaficionado guerrerense sabía de un cazador de Puebla que andaba por allá y, otro milagro, envió a varios hombres a caballo a la búsqueda de Josaphat.

"Como ves, Poncho, ese hombre a caballo que viene para acá, me trae malas noticias", dijo Josaphat a Blasio, al ver a un jinete que se dirigía a ellos al trote.

Por más intentos que hacía Blasio para convencerlo de que no había razón para inquietarse, no lo pudo lograr en todo ese tiempo.

"¿Usté es el señor Josafá?"

"Sí señor, yo soy".

"Le traigo malas noticias, que su hijo Fernando sufrió un accidente. Está muy grave. Que se regrese luego luego". "Tome esta nota", entregándole el mensaje escrito del radioaficionado.

ROSARIO III EN SUS XV AÑOS RODEADA DE LA FAMILIA
MARTÍNEZ GUERRA Y AMIGOS.
PUEBLA 23 DE ABRIL DE 1948.

"Te lo dije Poncho. No en balde estaba tan inquieto. Te dije que algo de esto presentía".

Tan pronto acomodaron todos sus pertrechos, iniciaron el penoso viaje de regreso para llegar a Puebla en poco más de dos días, con el nudo en la garganta, a sabiendas de que cuando se dice que una persona está muy grave, es que ya está muerta o al borde de la muerte, por lo que el retorno y las penurias del camino, se le hicieron dramáticamente exasperantes y lentos.

Al llegar a Puebla, todavía alcanzó a ver a su hijo respirando, que no vivo, fluyéndole líquido cefalorraquídeo por los oídos, denotando el brutal impacto en su cabeza.

A las pocas horas, terminó, dejando una profunda herida en la familia.

Sin embargo, a pesar de su infortunada experiencia, la pareja no se amargó ni se tornó fatalista con nosotros y siempre contamos con su beneplácito para viajar, ir de excursiones con los compañeros del colegio o días de campo, conscientes de habernos preparado para sabernos cuidar nosotros mismos.

Siempre vieron el suceso de Fernando con el aplomo y sabiduría necesarios como para pretender cubrirnos con el ridículo manto protector, que algunos padres no saben retirarlo oportunamente.

Algunos accidentes - decían – pueden evitarse, pero resulta absurdo querer encerrarse en una burbuja protectora por toda la vida. Esta debe continuar a pesar de las fatalidades. Y de los accidentes.

Siguiendo sus propias palabras, para ellos y sus hijos, la vida continuó sin amarguras innecesarias y si alguien quisiera exponer como ejemplo de optimismo y alegría a una persona, bien podría proponer a Rosario, quien siempre tuvo la chispa para salir adelante y con la sonrisa a flor de labios.

Excelente conversadora, era capaz de atemperar ánimos cuando se requería y también de sortear dificultades y hasta desarmar al más fiero con una pincelada de sentido común mezclada con una gran franqueza, a lo que generalmente no estamos acostumbrados a que nos la suelten con el aplomo y fuerza con que lo hacía Rosario.

ROSARIO III EN EL DÍA DE SU BODA. 1954.

Era directa. No se andaba con rodeos y se iba al grano, usando las palabras adecuadas y pudiera decirse, con elegancia natural, que uno se sentía ridículo con pretender responder solo por el principio de defensa personal y no quedarse callado, sabiendo que la gran perspicacia e inteligencia de Rosario, ya había puesto al desnudo nuestras mentiras o malas intenciones.

Así, en una ocasión que Josaphat salió de cacería, de esas de varias semanas de duración, en que estaba Rosario al frente del Estudio, organizando al personal que lo suplía, era necesario cubrir ciertos pagos y había que mandar a cobrar algunas órdenes de fotografías que no habían sido liquidadas.

Como había una del gobernador Maximino Avila Camacho, se le hizo lo más lógico cobrarla, además de ser de cierta consideración, lo suficiente para salir del paso. Al general le gustaba ordenar fotos por docenas.

Ella se presentó personalmente en el despacho del gobernador, en que uno de los asistentes la citó para recoger el cheque en unos días más.

Así, acudió puntual a la cita, en que efectivamente recibió su cheque, pero el secretario al entregárselo, le dio un mensaje del gobernador: "Dice don Maximino que si se quieren curar de tripa de mal año".

Rosario no entendió ese significado y sólo acertó a firmar el recibo del cheque, abandonando el recinto gubernamental, pero con la espinita clavada de lo que no entendió, ya que en la manera en que se lo dijeron intuyó que algo indeseable encerraba.

En el curso del día no faltó quien le explicara el significado del mensaje de marras, que como se sabe, es altamente ofensivo, pues da a entender de que alguien que está escaso de trabajo y por ende de dinero, en cuanto le cae por ahí un trabajillo ocasional, ante la necesidad que viene arrastrando, pretende aprovecharse cobrando más allá de lo usual, a fin de reponerse a costa del que le dio ese trabajo.

Tarde se le hacía a Rosario para llegar nuevamente ante el autor de semejante ofensa, nada más ni nada menos que Maximino, señor de horca y cuchillo de Puebla, al que nadie, absolutamente nadie, osaba ponérsele al frente para contradecirlo. Infinidad de cruces de cementerio respaldaban su bien ganado prestigio.

SERIE PUEBLA 1958

Todo mundo le tenía pavor, sabiendo cómo se las gastaba cuando algo no le parecía. El clásico perfil de los tiranos, no importa si del tercer o primer mundo. Todos son iguales.

"Por favor con el señor gobernador".

"Por el momento no se encuentra, señora" – la clásica salida, cuando se pretende hablar con algún figurón – "¿En qué le puedo servir?"

"No sé cuánto me pueda servir, porque lo que quiero decir es sin intermediarios. No quiero que mi malestar por lo que dijo el gobernador acerca de la factura que le presenté ayer, vaya a quedar recortado".

"Dígame doña Rosario, yo se lo comunicaré íntegro. Se lo prometo".

"Bueno, pues en ese caso, entréguele este cheque, el mismo que me fue dado en pago por concepto del trabajo de mi esposo y del mío, trabajo honorable y entregado a completa satisfacción por el mismo gobernador, pero pagado con desconfianza y con un insulto".

"Todo es cuestión de matemáticas. Simplemente una operación de multiplicación, si una docena de fotos vale tanto, es cuestión de multiplicarlo por la cantidad de docenas y la cuenta sale así, como yo se la presenté. Si no sabe hacer cuentas, que aprenda".

"Ah, y otra cosa: que aprenda también a tratar con decencia a las damas".

"Yo como mujer, le dejo su cheque, que el pagar simplemente una cuenta, que bien sabe que se debe, no le da ningún derecho de ofender a una dama, por más gobernador o militar que sea"

"¿Entendió íntegro mi mensaje, señor secretario?".

"Sí señora, lo entendí", dijo desconcertado, tras lo cual, salió Rosario con la frente en alto y con firmeza, dejando en el ambiente una sensación de absoluto silencio, no acostumbrados a que alguien les hablara en esos términos, y de quien menos podían esperarlo, de una mujer.

SERIE PUEBLA

La respuesta no se hizo esperar. Maximino se puso al habla por teléfono con Rosario, suplicándole lo disculpara, que fue una expresión desafortunada que se le escapó y de que nunca hubiera intentado ofenderla.

A los pocos días llegaba Josaphat, quien encontró varios mensajes de Maximino, en el sentido de que lo quería ver, pidiéndole, tan pronto llegara que se reportara a su oficina.

Intrigado por tan inusual requerimiento, a la vez recibía de Rosario la narración de lo sucedido, pasando rápidamente del estado de incertidumbre al de temor.

Maximino era un hombre impredecible. De una nimiedad, podía estallar en cólera y tomar medidas drásticas, pero nada bueno podía esperarse cuando alguien intentaba hacerle frente.

Como sea le dio su apoyo a Rosario porque hizo lo que su dignidad le exigía y en ese momento la disculpa de Maximino, quizá nada le aseguraba. Así, encaminó sus pasos a la oficina de gobierno.

El secretario lo hizo pasar de inmediato con Maximino, que lo recibió con un fuerte abrazo.

"Lo felicito, maestro. Lo felicito por tener a una gran mujer como esposa, esperando me disculpe por mi expresión involuntaria que tanto la ha ofendido".

"Su respuesta tuvo una gran dignidad y mucha dosis de valor, pero mayor aún de razón".

"Precisamente por lo apenado que me he sentido, es que he insistido tanto en buscarlo, esperando que este lamentable suceso lo hagamos a un lado y que todo quede como siempre, con una magnífica relación".

Dicho lo anterior y aceptando sus disculpas, se despidió y al llegar al estudio liberó a su vez a Rosario del temor que en ella subyacía ante la posibilidad de que algo malo pudiera sucederle a su compañero por aquella reacción tan directa.

SERIE PUEBLA

En efecto, la relación con Maximino fue como siempre había sido y si algo cambió fue de mayor afecto de él hacia Josaphat.

Un día, en otra sesión fotográfica, ya siendo Secretario de Comunicaciones en el gabinete de su hermano Manuel, presidente de la República, le preguntó, hablando de la fauna y sus características, que cuál animal era el que más le gustaba.

Sin pensarlo mucho le contestó: "El tigre americano o jaguar, general".

"¿Por qué don Josaphat?".

"Por su elegancia y belleza. Por su astucia e inteligencia. El dibujo de sus motas en ese pelaje tan bello y perfecto. Es majestuoso el tigre. Definitivamente es al que más admiro".

Una vez terminada la sesión, se despidieron como antes lo habían hecho, manifestándole de paso, que seguía en pie su ofrecimiento de que se cambiara a vivir a la ciudad de México.

"¿No le gustaría ser el fotógrafo oficial de la Presidencia? Tendría usted al mundo en sus manos".

"Gracias, general, pero usted conoce mi respuesta. Yo vivo a gusto con mi familia en Puebla en donde estoy como siempre a sus órdenes ".

Dándole un fuerte abrazo, Maximino se retiró del estudio.

Algunas semanas después, llegó a la casa familiar de la cuarenta poniente, en la colonia Santa María, un camión con trabajadores y un mensajero especial.

Los perros de la casa, seis ejemplares de la raza Airedale se alborotaron y empezaron a ladrar ininterrumpidamente, provocando que todo el perrerío de la cuadra, como reacción en cadena, ladraban también, apoyados también por la docena de Bloodhound que Josaphat tenía en las perreras de la casa.

"Por favor dígame, ¿Vive aquí el señor Josaphat Martínez?" preguntó el mensajero a uno de los mozos de la casa.

SERIE PUEBLA 50s

"Sí, aquí vive".

"Dígale que aquí le traemos un regalo del general Maximino". "Es un tigre".

"Pregúntele dónde colocamos la jaula".

El alboroto se hizo general en la casa y ya no eran sólo los perros los agitados.

La servidumbre, mis hermanos, mis padres.

Por supuesto todo el vecindario.

No todos los días se recibe como regalo a un tigre en casa.

Josaphat salió de inmediato a recibir tan poco convencional presente y a decidir qué hacer en esa embarazosa situación, consciente de contar con una familia numerosa, en que exceptuando a los dos mayores adolescentes, los siguientes cuatro, éramos aún niños.

A Rosario se le "quiso caer el pelo" en cuanto vio de lo que se trataba y él sólo acertó a hacer pasar el camión a la casa para bajar la enorme jaula de color verde y recibir por lo pronto el regalito.

Adentro de ella, majestuoso, sumamente nervioso y en actitud de ataque, un enorme tigre macho, con los ojos bien abiertos y frunciendo sus músculos faciales para exponer sus impresionantes y blanquísimos colmillos.

Sus rugidos emitían un sonido grave muy fuerte que se iba diluyendo lentamente hasta desaparecer, para iniciarlo de nuevo, y así sucesivamente.

Sin duda fue una escena muy intensa porque de ella, por mi corta edad de entonces, recuerdo como salido de lo nebuloso que le dan los años a esas experiencias, aquellos rugidos. Sin embargo no me cuesta trabajo la reconstrucción de ese acontecimiento y muchos otros porque fue un tema sumamente comentado tanto por mis padres como por mis hermanos mayores, que recuerdan todavía, fotográficamente, a esa mañana en que llegó nuestro tigre.

ADOLFO RUIZ CORTINES. PRESIDENTE DE MÉXICO, 1952-1958

"Coloquen ahí la jaula", señalando Josaphat una de las cocheras de la enorme casa. "Ese lugar se presta para ponerles barreras a los muchachos para que no se acerquen a la jaula".

Dio las gracias a los trabajadores que venían de la ciudad de México a entregar el tigre, firmando el recibo y le pidió al mensajero que los acompañaba, agradecer de su parte la deferencia de Maximino.

Ya solos, le dijo a Rosario: "Tú no te preocupes, que el tigre no se quedará aquí para siempre. Tú sabes cómo son estas cosas. Por lo pronto lo tengo que recibir y juntos vamos a salir de este trance pero no puedo rechazarlo ni hacerle una grosería al general porque sería tomado como un desprecio. Ya verás cómo le encontramos una solución a esto".

Después se dejó transcurrir un cierto tiempo, evidentemente para "diluir" la posibilidad de herir susceptibilidades si se deshacía del tigre de inmediato.

Creo que el caso más cercano de aquella frasecilla aplicada cuando a alguien se le asigna un puesto o responsabilidad sumamente complicada o algo por el estilo, en que salen aristas por todos lados y que reza "se sacó la rifa el tigre", indiscutiblemente es éste, el de Josaphat y Rosario.

La solución pronto vino como efectivamente lo habían pronosticado: Juntos.

Por una parte, Rosario, lista como fue, se dio a la tarea, casi de inmediato, de encontrar a quién cederlo.

No tardó mucho, porque el zoológico de Puebla lo recibiría con beneplácito. Precisamente les hacía falta un macho para aumentar un poco la población de felinos. Había algunos africanos, leones ellos, pero de la fauna mexicana requerían precisamente de un tigre.

Tal vez la mejor época del zoológico, en el Paseo Bravo, porque había una aceptable variedad de especies y muy bien cuidadas todas las áreas.

Así las cosas, ya estaba resuelto el cincuenta por ciento del problema. Ya había el dónde pero faltaba el cómo.

LIC. GUSTAVO DIAZ ORDAZ, PRESIDENTE DE MEXICO
1964-1970

Este vino casi paralelamente y de una manera absolutamente natural.

Una mañana fue él a saludar a su tigre librando la barrera de protección que estaba instalada para que nosotros no pasáramos, acercándose peligrosamente a los barrotes del frente de la jaula, cuya separación entre uno y otro, sería acaso de unos tres centímetros.

El tigre se encontraba al fondo de la jaula, aparentemente tranquilo. Súbitamente dio un salto al frente, y lanzó un zarpazo contra él, alcanzando a sacar las garras entre los barrotes, de manera que decidieron tajantemente deshacerse del animal, dijera lo que dijera Maximino. Fue algo así como el detonante que los impulsó a sacarlo de la casa de inmediato.

Naturalmente lo hicieron con todos los honores de que fue una donación del general Avila Camacho a la ciudad de Puebla, a través de Josaphat y así, todos contentos.

Poco tiempo después, ya en el Colegio Alemán, que estaba precisamente frente al Paseo Bravo, era muy común de que nos llevaran nuestras maestras al zoológico, hablándonos de los animales.

Nos encantaban esos momentos y claro está, ahí estaba nuestro tigre. De eso sí me acuerdo con mucha claridad así como de las caras de mis compañeros al decirles que ese animal vivía poco antes en mi casa.

Mis hermanos ya me habían dicho que el tigre, al percibir su presencia se alegraba y se paseaba inquieto en su jaula.

Cuando se tiene esa edad, la que yo tenía entonces, acaso unos cinco años, todo lo creemos a pie juntillas. Por eso yo consideré como verdadero el hecho de que el tigre los reconocía y lo manifestaba a su manera.

En uno de los paseos al zoológico con las maestras y los compañeros del kinder, al estar frente a la jaula, acaso a unos tres metros de distancia, el tigre que estaba descansando, súbitamente se levantó y empezó a otear y olfatear, moviendo la cabeza para todos lados a la búsqueda de algo que lo sacó de su letargo.

SERIE PUEBLA

Cuando aparentemente nos descubrió a mi hermano Roberto y a mí, efectivamente caminaba de un lado a otro de la jaula y empezó a ronronear, restregándose en los barrotes en señal de estar a gusto, confirmando la percepción de mis hermanos.

Entiendo bien que al comentar este hecho, para muchos pudiera sonar a exageración.

Sin embargo, los que conocen un poco de estas maravillas de la naturaleza y de la fauna silvestre, podrán entender mejor estas experiencias.

Esa década de los cuarentas, además de ser muy significativa para mí porque fue mi contacto con el mundo que me rodeaba, empecé a incursionar en el estudio y aprender lo que él hacía, en qué consistía su trabajo y cómo lo desarrollaba.

Por aquellos años, en las postrimerías de esa década, la familia Martínez Guerra tuvo una gran fiesta.

Fueron las bodas de plata de Josaphat y Rosario en 1948.

Prácticamente fue la primera fiesta de ese tipo para mi hermano Roberto y para mí que éramos niños.

Fue un gran banquete en un magnífico salón de la avenida Reforma de Puebla.

Los numerosos invitados de ellos, le dieron realce al evento con su animación y no obstante de que siendo chicos y no saber bailar, mucho menos encontrar pareja, ya que con seguridad éramos los únicos niños, nos quedamos fascinados, viendo a nuestros padres bailar el consabido vals de apertura del fiestón.

Se desplazaba por toda la pista llevando en perfecta armonía a Rosario que, ante los aplausos entusiastas de los ahí congregados, le dieron al escenario un momento precioso para recordar.

Sin saber nada de baile cuando se es chico, basta con ver a una pareja danzando bien para saber que así tiene que ser y hacer de esto algo bello e inolvidable.

SERIE PUEBLA

Comprendimos en esos memorables momentos lo mucho que eran apreciados y nos sentíamos sumamente orgullosos al ver a esa pareja desplazarse graciosa y elegantemente a los acordes y ritmos de la orquesta que ejecutaba el vals de la predilección de Josaphat, integrándose después del acto protocolario de iniciación a cargo de la festejada pareja, los invitados que le dieron una singular alegría a estas bodas de plata.

Además del vals, él sentía una gran predilección por el paso doble y el chotis, géneros musicales que bailaba muy bien y que no desaprovechó aquella oportunidad para hacerlo.

Hablando de música, siempre invocaba sus valores como producto de la inspiración y creación artísticas del compositor, advirtiéndonos a todos los hermanos desde pequeños a cada quién en su oportunidad cuando escuchábamos una canción que a él le gustara tanto en melodía como interpretación y voces diciéndonos "escucha hijo, lo que es música, verdadera música. Debe haber ritmo, por supuesto, pero debe haber sobre todo, melodía, que debe ser agradable al oído y a todos sus sentidos, que te eleve, que te haga sentir que llegas hasta las nubes con sólo escucharla porque al fin y al cabo, crearla es arte y arte es la facultad de hacer algo bello"

En esa misma década, al igual como sucede en las familias numerosas, en la nuestra se empezó a "desgranar la mazorca", como decimos en México.

Aquél muchachito compañero de siempre en las cacerías y excursiones, Josaphat hijo, ya hecho un hombre, muy joven por cierto para casarse, se prendó de una bella muchacha, su novia, la cual fue llevada por sus padres a España a vivir un tiempo, ya que ellos, oriundos de allá, deseaban que la hija conociera su tierra no solamente como una simple turista, sino con mayor profundidad, permanecer allá indefinidamente.

Sabiendo cómo son las cosas del amor, poco aguantaron los novios la separación y pronto se hicieron los arreglos para la boda y hasta allá fue mi hermano a alcanzarla a pesar de las clásicas insistencias de mis padres en sentido contrario, ya que deseaban que primero terminara su carrera universitaria de medicina.

SERIE PUEBLA

Así las cosas, en el año de 1949, voló a Madrid en el entonces "increíble tiempo de 36 horas", según lo anunciaba con gran orgullo la Compañía "Aerovías Guest" y poco tiempo después en la iglesia de San Francisco el Grande, de Madrid, se desposaron.

La vida sigue su curso y poco después le tocó el turno a Rosario hija, la consentida no sólo por ser la única mujer sino que tal categoría la tuvo siempre bien ganada por ser la que con toda franqueza, estaba siempre al cuidado de mis padres y si de atemperar las cosas cuando alguno de los varones cometíamos alguna falta o transgredíamos las reglas de la casa, algo muy frecuente, era la primera en conciliar y bajar el voltaje a esas situaciones, igualito como Rosario madre, de manera que nunca hubo celo o resentimiento en su contra por lo evidente del especial cariño de nuestros padres hacia ella.

Cuando se casó, a Josaphat no le quedó de otra que expresar "que se llevó el gavilán pollero la pollita que más quiero", según una popular canción mexicana. Poco después, siguió Sergio el otro compañero de cacerías, que a fin de cuentas como le sucedió al hermano mayor, cazadores consumados, salieron cazados.

Josaphat en aquel entonces tuvo la ilusión de pasar su vejez en un rancho.

Se emocionaba con sólo pensar que de allí podría vivir y abandonar poco a poco su estudio, pues ya no tendría que estar en el cuarto oscuro revelando e imprimiendo y sobre todo exigiéndole el máximo a su vista, argumentando que ya se sentía cansado.

Más bien, yo diría que se sentía aburrido de lo que había hecho toda su vida, algo que es muy común y que a todos nos puede suceder.

Atravesaba por una etapa absolutamente natural de los humanos, en que nos forjamos ilusiones a veces inalcanzables en sus objetivos. Para ello adquirió un rancho algodonero muy cercano a Ciudad Victoria, Tamaulipas, en el municipio de Padilla.

El algodón pasaba por una magnífica etapa comercial en un mundo que iba mejorando después del colapso de la Segunda Guerra Mundial y que era preciso vestir a cientos de millones de seres humanos que habían quedado paralizados económicamente a causa de esa guerra.

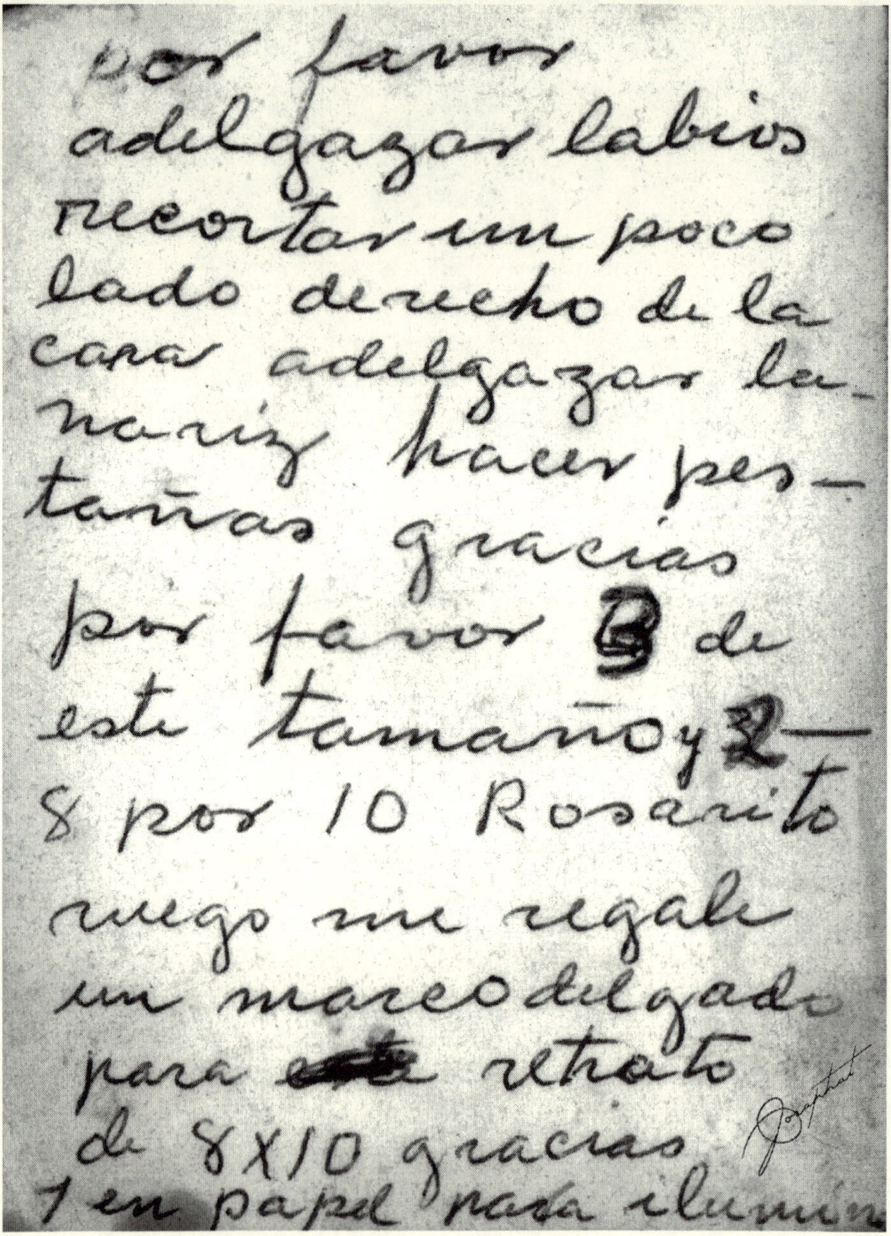

> por favor
> adelgazar labios
> recortar un poco
> lado derecho de la
> cara adelgazar la
> nariz hacer pes-
> tañas gracias
> por favor 3 de
> este tamaño y 2 —
> 8 por 10 Rosarito
> ruego me regale
> un marco delgado
> para ~~este~~ retrato
> de 8X10 gracias
> 1 en papel para iluminar

UN RECADO CURIOSO PARA ROSARIO, ALGO MUY COMÚN
EN LOS ESTUDIOS FOTOGRÁFICOS DE LA ÉPOCA.

El ranchito tenía suficiente agua, que era extraída del Río Purificación y sus inseparables compañeros de cacería se volvían transitoriamente compañeros agricultores, sus hijos mayores.

Desafortunadamente para ellos, la agricultura es una actividad sumamente técnica que requiere un caudal de conocimientos y experiencia para ser rentable, en donde existen elementos tan complejos como son los meteorológicos, los mercados, los administrativos y operativos, pero fundamentalmente requiere de tiempo completo en que si el día tuviese más de 24 horas, sería mejor.

Pronto sintió él en carne propia aquello de "zapatero a tus zapatos" y abandonó su aventura regresando a su actividad natural, lo que bien sabía hacer y hasta dar cátedra en aquél arte que le dio notoriedad y fama y que en realidad fue la razón de su existencia por lo cual trascendió.

Nos encantaba a mi hermano Roberto y a mí estar allí porque todo el proceso de la fotografía es fascinante. Desde el trato con los personajes y la atención que recibían tanto de Josaphat como de Rosario, previa a las sesiones fotográficas, nos resultaba interesante y creo que mucho aprendimos de relaciones públicas, encontrándole el gusto a la conversación y al contacto con las personas.

Rosario hacía las delicias de la clientela del estudio con su magnífica conversación, haciendo gratos los momentos mientras aguardaban a que Josaphat terminara con la sesión que lo ocupaba.

Como todo buen fotógrafo, tenía paciencia de misionero en esas sesiones, sobre todo con los niños difíciles, malhumorados, a quienes había que sacarles aunque fuera una sola sonrisa, y aprovechar esas fracciones de tiempo para apretar la perilla que abre el obturador, en esa maravillosa fracción de segundo, que lo es para los fotógrafos, y dejar ahí plasmada aquella expresión, quizá irrepetible.

Yo sabía que eran momentos de tensión cuando no afloraba la deseada sonrisa y a la vez, Josaphat sabía que otros clientes aguardaban en la sala de espera, en ocasiones familias completas, cuyos horarios de cita se desfasaban por retrasos de los mismos o por los imponderables que surgen, provocados por esos niños poco risueños y aún adultos.

SR. RÓMULO O´ FARRIL Y SEÑORA.

En esas circunstancias Rosario demostraba sus grandes cualidades de anfitriona y conversadora, platicando amenamente con la clientela y distrayendo a sus chiquillos para que nadie perdiera la paciencia por las esperas prolongadas.

Lo mismo pasaba prácticamente todos los domingos cuando tenía que retratar novios.

En la ciudad de Puebla en ésa época, casi todas las bodas se realizaban en domingo, algunas de las cuales acudían al estudio para fotografiarse. Había veces en que coincidían allí a la misma hora varios grupos nupciales, creando frecuentemente verdaderas situaciones caóticas, pues a los novios había que agregar sus familias y damas que los acompañaban, a los que también se incluían grupos numerosísimos que retrataba.

En ese torrente humano, era imprescindible guardar la calma y tener la virtud de saber manejar con orden esas sesiones, y además con la maestría suficiente para sacar las fotos a la perfección.

Recuerdo lo difícil que era organizar a los grupos numerosos, no obstante, esa virtud o sexto sentido de los fotógrafos para acomodarlos con rapidez, casi automáticamente, según estaturas y dimensiones, pero al llamar la atención sobre alguno de ellos acerca de algún detalle, como su mala posición o un doblez indeseable en su vestido, los que ya estaban acomodados para la foto, volteaban a ver a la persona a la que se estaba dirigiendo, descomponiéndose todo el grupo, obligando a empezar de nuevo.

En las tomas de esos grupos hay personas muy disciplinadas y conscientes de que esta foto será para siempre y que ese momento importante lo podrán disfrutar los hijos y los nietos.

Sin embargo, nunca faltan las personas ansiosas e indeseables para esas sesiones, que denotan su prisa por terminar lo más pronto que se pueda, ignorando que a un artista nunca se le apura para hacer algo bello, sea pintor, escultor o fotógrafo.

Los buenos fotógrafos, tienen que aprovechar su gran imaginación para anticipar en su mente la composición del grupo aún antes de formarlo con solo ver a las personas.

GENERAL AGUSTIN MUSTIELES

Por eso son algo mandones.

Sin embargo el ser imperativo no significa necesariamente ser áspero. No obstante que siempre mostró reciedumbre y gran decisión, sabía darle serenidad a las conciencias para proporcionar en su trabajo, las expresiones generosas y amigables, cuyos testimonios se disfrutan en sus fotos, algunas de las cuales ya están por cumplir un siglo.

Con frecuencia, cuando estábamos en el estudio mi hermano Roberto y yo le ayudábamos a colocar los reflectores, dirigiéndonos desde su enorme cámara y ordenándonos los emplazamientos según su necesidad de luz.

Desafortunadamente, cuando se es muy joven, no repara uno en la gran oportunidad de aprender de quien sabe algo y se pierde aquella de manera irremisible.

Tal vez en esos momentos era necesario que nos llegara aquel "chispazo", que nos motivara a dar el gran paso y hacernos fotógrafos profesionales desde chicos y no perder nada de lo mucho que ahora vemos, desperdiciamos.

De cualquier modo todos somos fotógrafos, porque de tanto ver a Josaphat dedicado a lo suyo fuimos aprendiendo de manera natural, pausada, lo suficiente para hacer también lo nuestro y considerarnos fotógrafos, guardando las proporciones, naturalmente.

De todos los hermanos, sólo uno, Fernando, el segundo, se dedicó a la fotografía, aunque pronto le dio el sesgo comercial e hizo a un lado el artístico, sin embargo sus hijos continuaron los pasos del abuelo, trabajando en Cuernavaca exitosamente.

Quizá la que más cerca estuvo de seguirle los pasos, fue la única mujer de los seis hermanos, Rosario, que siempre estuvo presta a ayudarlo y con gran eficiencia acomodar personajes y vestimentas, que requieren de un gran sentido artístico, sobre todo tratándose de los vestidos de novias. Además, Rosario tenía un magnífico trato con la gente, por lo que sólo hacía falta ese pequeño salto para acometer los retos técnicos del proceso fotográfico y las leyes físicas de la óptica. Si se hubiera decidido, lo hubiera logrado.

SERIE PUEBLA 50s

El ser fotógrafos, si no dedicados de tiempo completo o para vivir de ello, nos ha servido por toda la vida, desde estudiantes, para darnos la seguridad de saber desarrollar una actividad humana, y si fuera necesario, podernos ganar el sustento.

La fotografía – nuestra gran herencia de Josaphat – nos ha proporcionado a la familia la oportunidad de desenvolvernos holgadamente en la vida y poderla ver desde diferentes ángulos y aspectos.

Fue el aprendizaje natural de lo bello y la admiración de las cosas, las personas, la naturaleza, los caminos, rancherías y pueblos. La patria.

El interminable desfile de tantas personalidades y de tantas mujeres hermosísimas, gracias al prodigio de la fotografía, nos permite todavía solazarnos y disfrutar de sus rostros y expresiones, a cincuenta u ochenta años de distancia, da lo mismo el tiempo, de haberlos capturado para siempre en la placa, en ese magnífico instante, prodigioso momento que le brindaron entonces a él y su cámara.

Independientemente de los caminos que a cada uno de los hijos nos deparó el destino, sentimos que la fotografía nos proporcionó algo más que nuestras profesiones solas. Fue el valor agregado que nos permitió siempre en la escala de valores y aptitudes de la vida, sacar cuando menos una ventaja en la búsqueda de nuestros objetivos profesionales.

Nuestras profesiones y actividades se enriquecieron por el gusto por la fotografía.

Al igual que nuestro padre, dejamos testimonio de nuestro paso por la vida y contamos nuestras propias historias a través de ese espléndido invento, único, en que el hombre ha sido capaz de detener el tiempo y que sigue maravillando a quien se detiene siquiera un instante para meditarlo, tal y como lo hizo en el primer tercio del siglo XIX cuando conocieron a la fotografía.

Nunca nos importaron las críticas que a veces percibíamos por cargar con nuestras cámaras ni sentirnos ridículos por querer fotografiar todo lo que consideramos interesante, porque al fin ello significó vivir la vida dos, tres veces, o las veces que se nos antojara, porque al admirar, o repetir las mismas sensaciones cada vez que posamos nuestra mirada en la fotografía

CHINA POBLANA PUEBLA 1934

que nos gusta, es volver a vivir aquellos momentos, aún lejanos en el tiempo y el espacio. Y disfrutarlos, aún para las generaciones venideras, como yo lo he podido ver con los mismos ojos de Josaphat a través de los negativos que dejó en placas de vidrio y acetato y así poder sensibilizarme con sus propias emociones desde los inicios del siglo XX, trasladadas ellas a las mías y gozarlas quizá, casi como él lo hizo en su tiempo, enriquecidas con el gran poder de la imaginación.

¿Qué pensamientos pasan por la mente del fotógrafo cuando tiene ante sí el objetivo que quiere perpetuar?

¿De dónde nos llega ésa orden que nos dice "¡aquí!?.

A veces ni los mismos fotógrafos lo sabemos, atraídos simplemente por lo bello, lo interesante y guiados por una especie de instinto, sin el cual muchos no hubieran sido galardonados por sus obras, pero que no todos lo tienen.

La fotografía, una actividad en la que luchan denodadamente la técnica y el arte, por imponerse uno sobre el otro, pero que siempre triunfa indiscutiblemente el arte, y a la vez, éste se retroalimenta con la técnica para poder lograr una joya de luz y sombras, como las que nos han dejado para siempre los buenos fotógrafos como Josaphat lo hizo toda su vida, no solamente imprimiéndole todo su genio en la obra fotográfica, sino que acorde con ella, llena de serenidad y de sentido, supo trasladarlos a su propia existencia y la de su familia, dejándonos con el ejemplo su espléndida herencia y de ella hacia él, la gran admiración y amor de todos los que descendimos de la fecunda semilla de Josaphat y Rosario.

La vida fue benevolente con ellos siempre. Hasta el final de la que fue su historia singular, permitiéndoles festejar con toda su descendencia, sus bodas de oro matrimoniales.

Dos semanas después de la gran fiesta, a los ochenta y cuatro años de edad, dirigiéndose como cualquier otro día a su trabajo, igual que lo había hecho por casi tres cuartos de siglo, sufrió de un derrame cerebral, que lo condujo a la muerte.

El último día de 1973, fue para Josaphat, también su último día.

Rosario le sobrevivió 16 años.

JOSÉ RAMÍREZ PALENCIA GOBERNADOR DEL ESTADO DE PUEBLA, 1933-1937

LIC. GUILLERMO DIESTEL PASQUEL. PUEBLA

SR. MIGUEL ABED, PUEBLA

RAFAEL GARCIA CABRAL,
GRAN CARICATURISTA MEXICANO.

DR. GUSTAVO VERGARA, CIRUJANO DENTISTA.
PUEBLA 1960

PANORÁMICA DE MONCLOVA, COAHUILA.

SIERRA MADRE ORIENTAL, COAHUILA

ALTOS HORNOS DE MÉXICO. MONCLOVA, COAHUILA.

ALTOS HORNOS DE MÉXICO. MONCLOVA, COAHUILA.

NUEVA YORK. 1914

CAPITOLIO WASHINGTON, DC. 1919

PUENTE BROOKLYN, N.Y.

NUEVA YORK, 1917

VISTA CITADINA EDIFICIO WORTH. NUEVA YORK, 1917.

NUEVA YORK, 1914

BODA DE TIA LULÚ Y EL CORONEL RAFAEL DE ALTAMIRA.
PUEBLA, 1938

ROSARIO. TIMES SQUARE. NUEVA YORK, 1924

EDIFICIO DE TELÉGRAFOS DE PUEBLA. 1928.

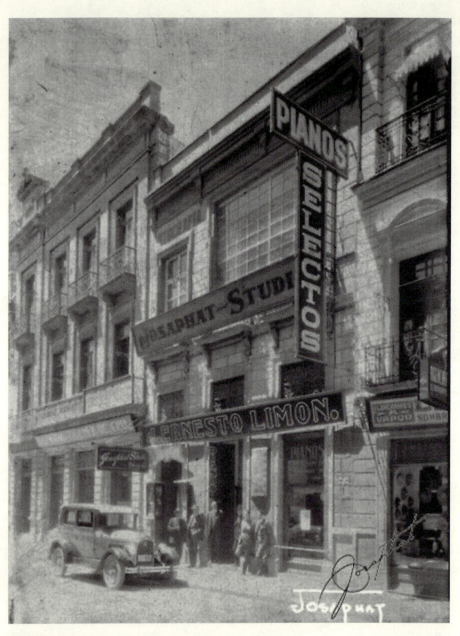

ESTUDIO JOSAPHAT. PUEBLA, 1926

INTERIOR DE LA CATEDRAL METROPOLITANA DE PUEBLA

CARRO ALEGÓRICO DE LA ÉPOCA. PUEBLA, 1928.

HOSPICIO DE LA CIUDAD DE PUEBLA. 1914

SERIE PUEBLA 30s

SERIE PUEBLA

LA FAMILIA MARTÍNEZ GUERRA. 1941

HASTA LA PRIMERA MITAD DEL SIGLO XX ERAN
MUY COMUNES EN MÉXICO LAS FOTOS DE GRUPOS
NUMEROSOS

NOVIA SERIE PUEBLA. 50s.

SERIE PUEBLA 40s

EN LA PRIMERA MITAD DEL SIGLO XX ERAN MUY COMUNES LAS FOTOS DE ESTUDIO DE LAS GRANDES FAMILIAS.

SERIE PUEBLA 1932

SERIE PUEBLA 1942

GRUPO REPRESENTATIVO DE LAS FAMILIAS
POBLANAS DE LOS 40s.

NOVIA Y DAMAS. SERIE PUEBLA.

GRUPO EMPRESARIOS PUEBLA 1937

HOTEL GARCI CRESPO, TEHUACÁN, PUEBLA 1934

HOTEL GARCI CRESPO, TEHUACÁN, PUEBLA 1934

AV. 3 PONIENTE PUEBLA 1942

NOVIA SERIE PUEBLA

CAZADORES AFROMEXICANOS ESTADO DE GUERRERO
1938

JOSAPHAT CON UN GRUPO DE AMIGOS EN UNA
EXCURSIÓN. ESTADO DE GUERRERO. 1939.

MITIN POLÍTICO EN LA CIUDAD DE PUEBLA DE MANUEL ÁVILA CAMACHO. PRESIDENTE DE MÉXICO DE 1940 A 1946.

SERIE PUEBLA 50s

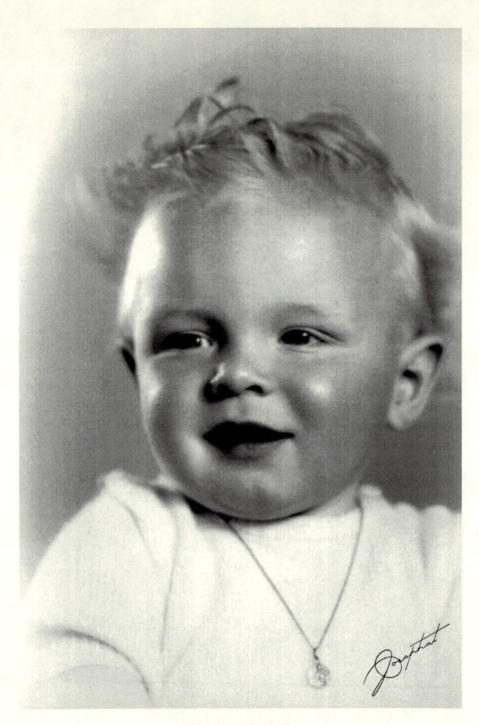

SERIE PUEBLA 50s

SERIE PUEBLA 1954

ROSARIO III E HIJAS

SERIE PUEBLA 50s

SERIE PUEBLA 60s

INTERIOR DE LA IGLESIA DE LA SANTÍSIMA. PUEBLA.

PANORÁMICA DE PUEBLA. 1913.

TAXCO, GUERRERO, 1935

SERIE PUEBLA 60s

BODA DE FERNANDO MARTÍNEZ GUERRA Y
MARÍA ANTONIETA CUÉ. 1963.

EL AUTOR ALFONSO MARTÍNEZ GUERRA Y BEATRIZ DE LA FUENTE. 12 DE DICIEMBRE DE 1970

DIPLOMA GRAN PREMIO FOTOGRÁFICO. BRASIL 1922

MEDALLA DE ORO CONCURSO NACIONAL MÉXICO 1923

JOSAPHAT Y ROSARIO 1968